让孩子
学会提问

周璐 著

北京联合出版公司
Beijing United Publishing Co.,Ltd.

图书在版编目（CIP）数据

让孩子学会提问 / 周璐著 . -- 北京 : 北京联合出
版公司 , 2025. 4. -- ISBN 978-7-5596-8337-3

Ⅰ . G791-49

中国国家版本馆 CIP 数据核字第 2025TB9544 号

让孩子学会提问

作　　者：周　璐
出 品 人：赵红仕
责任编辑：牛炜征
封面设计：末末美书
责任编审：赵　娜

北京联合出版公司出版
（北京市西城区德外大街 83 号楼 9 层　100088）
北京华景时代文化传媒有限公司发行
北京中科印刷有限公司印刷　　新华书店经销
字数 129 千字　　690 毫米 ×980 毫米　　1/16　　16 印张
2025 年 4 月第 1 版　　2025 年 4 月第 1 次印刷
ISBN 978-7-5596-8337-3
定价：59.00 元

序言

让提问成为照亮未来的火种

在这个答案变得唾手可得的时代，我们似乎正经历着人类历史上前所未有的认知革命——人工智能可以瞬间回答千万疑问，但我们的孩子却在渐渐丧失最原始、最珍贵的本能——提问。当我们仍在用"标准答案"丈量孩子的对错时，我在多年的阅读教育写作与实践中发现了一个令人担忧的真相：会提问的孩子正变得越来越少。

《让孩子学会提问》不仅仅是一本方法论作品，还是一本撬动孩子想象力与创造力的实践指南。"提问力"概念的提出，源于我多年对话各界翘楚与写作时的发现：那些伟大的创新者，往往在童年时就展现出独特的提问力。物理学家会记得幼年时的困惑，科技巨头仍保留着童年拆卸收音机时的好奇。这些看似天真的发问，其实是点燃未来的火种。

结合自己多年的人物专访经验和带领孩子们提问的实践经历，我提炼出九大提问方法：从探索思维边界的"假设式提问"，到巧用他山之石的"引用式提问"；从培育同理心的"共情式提问"，到激发创造力的"质疑式提问"……每个提问方法都配有真实的对话案例——十四岁女孩如何与女企业家认真讨论创业难题，十三岁男生与作家深度探讨生命的意义。这些案例表明，给予恰当的引导，每个孩子都能成为追问世界的哲人。

书中还特别设置了"小练习"，希望用实践的方式将提问变成一场有趣有益的游戏，进而激发孩子的独立思考能力、质疑能力、创新能力、共情能力等。

我深信教育的终极使命不是培养"知道很多答案的人"，而是孕育"能提出新问题的一代"。当孩子学会用提问去探索新世界、去驾驭人工智能时，他们获得的不仅是沟通工具，更是面向未来的生存智慧——因为人类文明每次质的飞跃，都始于那个打破常规的提问。

本书的每个字都蕴含着我对教育的敬畏。作为一名多年的访谈者，我深知优质问题是如何撬动认知边界的；作为一位带领数百位少年对话大咖的实践者，我见证了提问怎样重塑孩子们的底层能力。愿这本凝结了我二十多年心血的诚意之作，能帮助更多孩子找回与生俱来的发问勇气，让每个"为什么"都成为照亮未知世界的星光。今日孩子们提出的问题，终将定义我们共同的未来。

周璐

目录

PART 3   提问前，如何帮孩子做好充分的准备？

PART 4   九种提问方式，激发孩子无限潜能

PART 5　用提问驱动写作：教孩子写出精彩的人物作文

PART 6　用提问开启与 AI 高效对话：教孩子向人工智能提出好问题

PART 1

为什么提问力将决定孩子未来的竞争力？

未来，人工智能将无处不在，我们如何才能不被人工智能所替代呢？答案是我们必须成为能够驾驭人工智能的人。

　　如何才能驾驭人工智能呢？很重要的一点是学会提问，具备过硬的提问能力，我们才能不被人工智能所淘汰和替代，勇敢地迎接未来。

　　"提问力"不是一种孤立的能力，而是我们的想象力、独立思考能力、沟通能力、共情能力、创新能力等多种能力融合的具体呈现。因此，学会提问，拥有过硬的"提问力"，才能让我们在人工智能时代里处于不败之地，成为不可替代的人才。

　　让我们以好奇为帆，思考为桨，在浩瀚无际的提问之海里扬帆远航！

✦ 提问，打开孩子通往未来的大门

2024 年，湖南省的高考语文作文题目是：

随着互联网的普及、人工智能的应用，越来越多的问题能很快得到答案。那么，我们的问题是否会越来越少？

以上材料引发了你怎样的联想和思考？请写一篇文章。

对此，我的回答是：互联网和人工智能的应用，虽然为我们提供了更多解决问题的途径，但并不意味着问题就会因此而减少。相反，随着科技和社会的进步，我们会面临更多的新问题，比如：如何让人工智能更好地服务人类，而不是与人类争夺饭碗？如何保护个人的隐私和安全？

问题是人类探索未知的起点，不同时代，人类面临着不同的问题：在远古时代，面临的问题之一是如何获取食物，如何生存下去；在封建王朝，面临的问题之一是如何保护自己的疆土，抵御外族的入侵；在当代，随着生产力的不断发展，面临着更多亟待解决的现实问题，如环境保护、网络安全、失业危机等。

问题的存在是人类社会发展的动力，正因为我们不断地发现问题，勇敢地面对问题、解决问题，人类社会才能不断地进步和发展。人类的历史，就是一部不断发现问题、面对问题、解决问题的历史。

2024 年湖南省的高考语文作文题目，透露出一个重要信息：青少年是否会提问？他们的提问能力已经开始受到教育层面的高度关注。

作为一个有着多年人物专访经验的资深媒体人、带领青少年学习提问技巧的实践者，我想说，只有学会提问，拥有优秀的提问能力，我们才能自如地行走在未来的世界，而不是被人工智能所替代或淘汰。

我认为，学会提问是面向未来最重要的能力，原因如下：

提问是人类获取新知识、认知世界的起点。 通过提问，我们能不断地激发自己的好奇心，努力去探寻这个世界的奥秘，从而在找寻答案的过程中建立起对这个世界的认知，在理解世界的同时提升自己的认知能力。

　　提问是不断训练思维、培养批判性思维的过程。在信息过剩的今天，筛选、甄别信息的能力尤为重要，提问能让我们学会主动质疑所接收到的信息，而不是被动接受，也能让我们学会从不同的角度思考问题，认识到事物的多面性。

　　提问是与他人沟通、与这个世界产生联结的过程。通过提问，我们能清晰地提出自己的观点和疑问，也试图去理解对方的想法，与他人产生共情。这是人类和人工智能最本质的区别之一。

　　机器有的是"芯"，我们有的是"心"。这颗心是有温度、有情怀、懂得爱的；是能接受他人的关爱、同情和善意，也能给予他人以关爱、同情和善意的。

　　提问是培养创造力的基石。当我们不再满足于现有答案，开始思考事物的另一面或另一种可能性时，我们创造力的魔盒就打开了。当艾萨克·牛顿（Isaac Newton）提出"为什么苹果往地上掉，而不往天上飞"之问后，万有引力的存在被发现了；当迈克尔·法拉第（Michael Faraday）提出"在磁场里能否创造出电流"之问后，电磁感应的奥秘被揭开了。

　　华大基因CEO、生物工程博士尹烨先生说："多提问、多去打破砂锅问到底，只要能问对问题，答案就有了一半。"知名财经作家吴晓波先生认为，我们的孩子们——00后、10后、20后的孩子们，面向未来，他们要学什么？ChatGPT已经几乎通过了美国的医师执照考试。未来，我们的孩子要有会提问的能力，这是他们对这个世界有好奇心、有想象力的一种表现。

未来，人工智能将无处不在。很多科学家都在预测，未来人工智能有望取代超过40%的人类工作，如翻译、会计、银行职员、司机、收银员等。如何才能不被人工智能所替代呢？答案是我们必须成为能够驾驭人工智能的人。

如何才能驾驭人工智能呢？只有学会提问，具备过硬的提问能力，我们才能驾驭人工智能，不被人工智能所淘汰和替代，才能做到勇敢地迎接未来。因此，对于一个人而言，提问能力将成为未来最重要、最关键的能力之一。

如何学会提问？如何提升提问能力呢？首先，我们需要了解，什么样的问题才算是一个好问题。

✚ 培养孩子像侦探一样思考

我们先来看三组问题。

第一组

采访著名教育专家、作家孙云晓老师时，同学们分别提出了如下两个问题。

问题1："孙云晓老师您好！您对青少年的成长问题有什么建议吗？"

问题2："孙云晓老师您好！最近我遇到了一件烦心事，很想和您说说。我喜欢上了我的一个同学，她很漂亮，也很优秀，我们常常在一起学习，我对她产生了好感，她好像也很喜欢我。但是我的理智告诉我，早恋是不对的，可我又忍不住想和她在一起。我很苦恼，您能帮我分析一下这件事吗？我想听听您对青少年早恋问题的看法。"

这两个问题，你更喜欢哪一个问题？为什么？

我们可以发现，第一个问题很笼统，覆盖面很大。青少年的成长问题包含方方面面——青少年的学习、生活、身体健康和心理健康等等。针对这个问题，受访者很难在短时间内给出一个令人满意的回答。

而且，这样的提问太平淡，难以激发受访者的谈话兴趣。提出这个问题显然是提问者没有做过周密准备，匆忙上阵的结果。

而第二个问题是基于提问者在成长中遇到的烦恼，很具体、很接地气，这种烦恼也很具有普遍性，很多青少年在情窦初开的年纪都遇到过类似的问题。更重要的是，这能让对方知道问题的落脚点在哪里，受访者可以有针对性地回答，给出合理化的建议。

一个优秀的问题，一定要有的放矢，而不是盲目的、笼统的。

第二组

采访物理学家马兆远先生时，同学们分别提出了如下三个问题。

问题 1："马先生好，从牛顿的经典物理学到阿尔伯特·爱因斯坦（Albert Einstein）的现代物理学，物理学发展到今天，对于我们理解人类存在的意义有何贡献？"

问题 2："马先生，我了解到，您有一个绰号叫'马导'，听说您热爱戏剧和音乐，曾经协助著名音乐人策划了一场音乐会。物理是理科，然而戏剧与音乐却属于文艺领域。是什么让您这位物理学家邂逅了戏剧和音乐呢？能否给我们讲讲其中的故事？"

问题 3："马先生好，我个人很喜欢读《三体》系列科幻小说，它讲述的是地球人类与三体文明的首次接触，以及随后的宇宙文明冲突和生存斗争。我很好奇，在未来，人类是否需要和外星人进行对抗？传统的物理定义是否将不复存在，或者被打破？"

这三个问题，你最喜欢哪一个呢？

第一个问题有关物理学的意义，这个问题很庞大，可能会让受访者不知从何说起。

第二个问题，是提问者了解了对话者的兴趣爱好和有趣的人生经历之后提出的问题。显然，提问者做了有关马兆远先生的功课，了解了对方的背景资料，这样的问题能引发这位物理学家的兴趣和他的表达欲望，让他觉得有话要讲。

　　第三个问题关于科幻小说《三体》和物理学之间的关系，这个问题问出了很多《三体》粉丝的心声，具有普遍性，并且能引发这位物理学家的思考，让他向孩子们讲出自己的核心观点。

第三组

　　采访北京天文馆副馆长、天文科普作家齐锐老师时，同学们分别提出了如下两个问题。

　　问题 1："齐老师，您认为青少年学习天文学有什么意义？"

　　问题 2："齐老师，您曾讲过，到目前为止，我们在其他星球上还没有发现任何外星人的迹象，这是因为在其他星球上，我们没有发现生命存在所必需的物质——水和空气。请问，为什么您认为水和空气是外星人所必需的生存物质呢？有没有一种可能，外星人生存所必需的并不是水和空气，而是其他的物质，比如石油、泥土呢？"

　　这两个问题，你更喜欢哪一个呢？

　　第一个问题，感觉提问者并没有做过多的思考，只是问了一个很普通的问题。

　　第二个问题，提问者显然有自己的独立思考："为什么您认为水和空气是外星人所必需的生存物质呢？"这样的提问让人眼前一亮。显然，这位同学对老师所讲的内容进行了消化，并提出了自己的独特见解，是难能可贵的。

　　从上面的探讨中，我们可以总结出：一个好问题，一定包含着提问者的独立思考。它是新颖的而非人云亦云的；是具有深度和广度，能够探寻世界真相与人性本质的；是能引发对话者的共鸣与深思，让对方有兴趣回答、有话想说的。

✚ 好问题的特点

一个好问题，需要具备三个特点：

首先，它应该是准确的，而不是模糊的、笼统的，让人不知所云、不知如何回答。提问者需要准确地表达自己的思考和疑问，并能让对方准确地捕捉到问题的落脚点。

其次，它应该是有趣的，能够引发对话者的兴趣和思考、激发对方的表达欲望，使其有话可讲。

最后，它应该是有深度的，体现出提问者独一无二的思考，是在对自己感兴趣的人和事进行深刻理解的前提下提出的问题。

在充分理解了好问题的特点后，每设计一个问题时，我们就可以用这个标准衡量一下，自己的问题是否具备上述特点。

一个好问题，一定能够引领我们穿过思维的迷雾，激发我们的想象力和创造力，溯源事物的本质和真相，帮助我们打开新世界的大门。

让我们以问为舟，以思为桨，无畏前行，开启未来之门！

小练习

共创互动环节——提出你的问题

现在，请你闭上眼睛，设想你来到了"未来博物馆"，美丽的机器人"小姐姐"和"智慧博士"正向你介绍着这里的每一件事物：每天都能按照你的心情不断焕新的卧室、每天接送你上下学的会飞的小汽车、你和同学们共同设计的学校教学楼……

面对着这令人惊奇和赞叹的一切，请提出你的问题，你对哪件事物最好奇呢？你想与机器人"小姐姐""智慧博士"探讨哪些问题呢？

PART 2
提问力的起点——让孩子真正听懂问题

在日常生活的各种场景中，我们时常遇到这样的困惑：对方的话语在耳边回荡，却仿佛隔着一层纱。我们听不懂这个问题，自然也无法把握问题的核心。这是为什么呢？这一现象，其实是由很多复杂的因素交织而成的。那么，如何解决这个问题呢？接下来，我将帮助大家学会"如何听懂问题"。

✚ 孩子为什么会听不懂问题？

首先，语言虽然是沟通的桥梁，却也可能成为理解的鸿沟。因为，不同词语的微妙差异、地域方言的独特内涵，乃至深层次的文化背景差异，都可能让信息的传递变得曲折而复杂。

其次，思维模式的差异，导致我们在接收信息时，往往会不自觉地以自己的认知框架为基准去解读对方，忽略了对方视角的独特性和逻辑的多样性。这种"以自我为中心"的解读方式，无形中构筑了一道理解的屏障，我们和对方的思维如同两条平行线，各自延伸却难以交会。

最后，注意力的分散与情绪的波动也是不可忽视的干扰因素。当我们心不在焉，或情绪波动如潮水时，自然难以捕捉到问题的内核，或是找到问题的本质。在这样的状态下，我们往往只能捕捉到对方话语的碎片，而无法整合出问题的完整意义。

✚ 五个策略，让孩子听懂问题

想要听懂一个问题，我们需要采取一系列策略。

全神贯注是理解的基石。我们应当保持百分之百的注意力，将自己的心灵之窗完全敞开，避免分心，认真接纳对方传递的每一条信息，这是理解对方的基础。

积极倾听是通往理解的桥梁。我们不仅要倾听对方话语的内容，更要观察对方的表情、手势等肢体语言，尝试洞察其背后的情感与意图。我们可以通过点头、微笑等肢体语言给予反馈，让对方感受到我们的关注与尊重，从而更加愿意敞开心扉，畅所欲言。

及时澄清自己的疑问是关键。当我们对他人话语中的某个部分感到困惑时，不应觉得不好意思而回避，而应该勇敢地提出自己的疑问。比如，可以使用开放性的句式，如"能否请您进一步说明……"或"我理解的是……对吗？"，以这样的提问方式向对方表达出自己的疑惑，来确保信息的准确传递与理解。

换位思考是跨越思维鸿沟的桥梁。我们应当尝试站在对方的角度，去思考他所提出的问题，感受其情感与逻辑的独特之处。这样不仅能增进我们理解的深度，还能促使双方产生共鸣，达成共识。这个方法在本书的"共情式提问"一节中有详细的阐述。

总结和复述是巩固理解的重要环节。在理解对方的问题后，我们可以用自己的话对问题进行复述，以检验自己的理解是否准确无误。当对方提出了一个很长或很复杂的问题后，你可以问对方："用一句话来概括，您的问题是……对吗？"

这个过程，不仅能加深我们对问题的记忆与理解，还能为后续的沟通与交流奠定坚实的基础。

✚ 四个方法，教孩子有效倾听

为了更好地实践这些策略，我们可以借助一些实用的方法：

"5个W+2个H法"是一种有效的分析工具。在倾听时，我们可以从"谁（Who）""何时（When）""何地（Where）""什么（What）""为什么（Why）""如何（How）""多少（How much）"这七个维度入手，全面把握问题的脉络与细节。

小案例

在"少年对话大咖"中，胡蓉同学对北京天文馆副馆长齐锐老师提出了这样一个问题。

2014 年 9 月 13 日，美国国家航空航天局（NASA）官网宣布：三十七年前发射的"旅行者 1 号"探测器已经离开了太阳系。而根据 2024 年 4 月的观测数据，它仍然处于太阳系之中。您认为它还要多久才能真正飞出太阳系？如果"旅行者 1 号"探测器飞出太阳系，会不会对我们探索宇宙产生重大的影响？

这个问题看似很长很复杂，但我们把其中的"谁（"旅行者 1 号"探测器）""何时（三十七年前、2024 年 4 月）""何地（太阳系）""什么（飞出太阳系）"这几个要素整理完之后，也就把这个问题梳理清楚了。

情感共鸣也是理解问题、促进沟通顺畅的秘诀之一。在对话中，我们应当尝试捕捉对方话语中的情感色彩，试着理解对方，与对方产生共鸣，并以此来建立更加紧密的情感联系。这样做，我们不仅能更深刻地理解对方的问题，还能让双方在交流中感受到更多的温暖与支持。

小案例

对话阿里巴巴集团副总裁邢悦女士

邢悦女士给同学们分享了自己一路走来的人生故事，

并告诉同学们，每个人的人生不是一个写好的、既定的剧本，而是由我们自己一点一点写就的，希望大家把自己的人生剧本写得精彩一点。

据此，韩沛瑶同学与邢悦女士有了下面的这一番对话：

韩沛瑶：邢悦老师您好，听了您的故事，我很感动也很感慨。我想问，在您的人生中有没有这样的时刻——觉得自己的理想特别美好，但是却没办法实现它，不得不屈服于残酷的现实？我目前就遇到了这样的困惑。所以，我很想知道，您当时是以哪种心态去面对这样的现实的呢？

邢悦：这样的时刻太多了。因为我的理想非常多。上大学时，学了"市场营销"这门课后，我希望能学有所用。工作后，我是欧莱雅的品牌推广大使，就想欧莱雅能做这么多的化妆品品牌，为什么我自己不能呢？我就找了江苏盐城的一家创业公司合作，这家公司在做一款硅胶牙刷，这是一个新概念。

我们成立了一个创业团队，制订了完整的品牌策划营销方案，但最后产品投向市场时却没有获得积极的反馈，我当时也很沮丧，深刻感受到理想和现实之间差距原来如此之大！

这样的情况其实在生活中有很多——择业时，虽然有一些更好的选择，但没办法去；工作时，我想做的某个计划跟公司的发展方向不吻合，就无法再推进；情窦初开时，有了心仪的男生，最后却怎么也追不上……

我们怎么看待自己的理想呢？我想，真正能称之为理想的东西，要足够大，足够强。为了一项事业、一个目标，哪怕遇到再大的困难，我也得去坚持，什么都无法颠覆我的信念，这才是理想。我认为自己是个普通人，没有特别宏大的理想，但有一个个美好的心愿，当这些心愿我们达不成的时候，怎么办呢？

第一，我会反思自己是不是过于理想化了。

第二，我会从内部和外部，整体梳理自己目前所具备的条件，分析哪些条件可以帮助我完成这样的心愿。

第三，我会对是否继续做这件事进行评估。比如说硅胶牙刷这个项目，我们最后经过各项评估，选择了放弃。但接下来，我们利用这个营销团队帮助很多大品牌做了落地的营销，收获依然很大。

如果有梦想，就请先行动起来，一步步向着梦想迈进。但如果这个梦想不是很合理，或者说在达成的过程当中没有如愿，我觉得就把它当成是人生的一份经历，在这个过程中，你所经历的一切才是重要的资本。

因为有了情感的共鸣，有了感同身受，才有了上面这一段真挚的对话。所以，真诚与共情，永远是与人沟通联结时最有效的密码。我们在对话时多多使用"我理解你""我能体会你的心情""我很感动""我也有这样的感受"这些话语吧！

批判性思维也是不可或缺的。在接收问题时，我们应当保持一定的判断力和警觉性，不盲目接受，不轻易地被表面现象所迷惑。我们需要通过深入分析与思考，来探寻问题的本质与真相，从而做出更加明智与准确的决策。

小案例

例如，我们想报考一所国外的大学或高中，于是来到一个海外留学的推介会，面对众多热情的推介老师，我们不免感到无从选择。这个时候，我们需要多问自己一些事前准备好的问题，如：

"这所学校的地点、师资力量、专业设置等是否是我所希望的？"

"真实情况是否真的如他们所介绍的那样，我是否需要从别的渠道再多了解一下？"

这样的质疑与反问，能帮助我们迅速理清思路、保持冷静，并帮助我们找到问题的答案。

　　共同探讨解决方法。当你的朋友、同学向你倾诉他们的烦恼时，如果你只是简单地说一句，"没什么大不了的，你别放在心上"，可能无法真正帮到他，也会让你的朋友产生你只是在敷衍他的想法。所以，你可以在认真倾听后，深入询问他的烦恼的具体来源，与他共同探讨应对困难的方法，并提出针对性的建议，你的朋友一定会感受到更深的理解和支持。

✚ 听懂问题的意义

听懂一个问题，不仅是有效沟通的前提，更是建立信任、解决问题的关键。它不仅能够避免人与人之间的误解与冲突，还能促进彼此的沟通与合作。

在求学路上，如果你能准确理解老师的问题，可以让你的学习事半功倍；在和同学、朋友的交往中，当我们面对他们的倾诉时，应给予足够的关注与理解，通过认真倾听与深入询问，来传递我们的关心与支持，进而提出有价值的建议或解决办法，从而收获更深厚、更真挚的友情。

更重要的是，听懂一个问题，意味着我们具备了更强的同理心和认知能力，这些能力在人生的各个阶段都是宝贵的财富，让我们能够更好地理解世界，也更好地被世界所理解。

小练习

• 请你的好朋友向你提一个正在困扰他的问题，问问自己，是否真的弄明白了这个问题，你该如何帮助他？

• 请向你的父母提一个你所关心的问题，问问他们，是否理解了你这个问题？如果没有理解，请你们共同找出原因。这也许是你们两代人找到沟通障碍，并着手解决这个问题的开始！

PART 3

提问前，如何帮孩子做好充分的准备？

在这个信息过剩的时代，我们每天都被潮水般的新闻、数据和观点所包围，常常深陷其中，难辨真伪。一个好问题，就如同明亮的灯塔，带领我们走出信息的海洋，引领我们前行。

一个好问题，应该是准确的、有趣的、有深度的，体现了提问者独一无二的思考。要如何准备，才能提出好问题呢？

✚ 提问的强大引擎

大量阅读，深入了解背景信息

　　提问和阅读有着怎样的关系？我来做一个形象的比喻：阅读好比是土壤，每一个好问题都萌芽于阅读的土壤。当我们在阅读的土壤里吸收了大量的水分和养分时，思想的种子就会慢慢萌芽、生长，而问题就是挂在这株枝繁叶茂的植物上的一个个小果实。

　　要想提出一个好问题，需要对所涉及的主题和领域有深入、全面的了解。我们不仅需要了解与之相关的基础知识，更需要对这个领域和主题的发展历史、现状、变革和未来趋势有全面的认知和观察。

　　举个例子，如果你将要和一位知名人士对话，对话他的人生故事和人生感悟。你首先需要了解对方的成长背景、人生经历，了解他所从事的行业和目前正在做的事情等，了解得越多，提问的灵感就越多。

所以，我们需要尽可能多地搜集有关对话者的背景资料，包括文字、图书、图片、视频等，并进行快速浏览，在这个过程中去发现问题。

就我自己而言，我在采访每一个人物之前，必定要阅读十万字以上的相关资料，了解对方的人生故事、职业故事、家庭状况、兴趣爱好、生活趣事等。在这个过程中，我开始慢慢熟悉对方，最后，我们就像没见过面的老朋友一样。

在阅读的过程中，我会不断地提出一些问题，并且把这些问题都记录下来，然后看看自己能否在之后的阅读中回答这些问题，再不断筛选、优化问题和完善采访大纲。

例如，当我们要去采访著名外交家袁南生大使时，我们需要先了解他的生平。他在小学六年级时因父亲病故而辍学，开始在药店打工，但他仍然坚持学习。虽然没有读过中学、大学，但通过自学考上了北京大学国际政治系，获得硕士和博士学位，后来被选调进入外交部，历任中国驻埃及大使馆公使衔参赞、首席馆员，驻印度孟买总领事，驻津巴布韦共和国大使，驻苏里南共和国大使，驻美国旧金山大使衔总领事等职务，个人经历相当丰富，可谓是波澜壮阔。之后，我们需要阅读袁大使的《被我们误读的世界》《感受印度》《走进非洲》《中国古代外交史》等著作，了解他的思想发展轨迹。通过阅读，我们"未见其人，先闻其声"，对这位长者、智者有了一个基础而全面的了解，自然就有了底气和信心与他对话，并且在这个广泛阅读的过程中，问题会不断涌出。

如果你要和一位行业专家就某一个专业问题进行对话，你需要通过阅读，把自己变成这个领域的"小专家"，了解这个领域的过去、现在和未来，了解该领域所面临的机遇和挑战、领域内最热门的话题。在了解了这些之后，你才能提出一个好问题，并信心满满地坐在这位专家的面前，和他对话。

例如，你要去采访北京天文馆副馆长、科普作家齐锐老师时，就需要阅读他的专著《写给地球人的〈三体〉说明书》《漫步中国星空》《我们的星空》等，我相信你一定能从中发现属于你自己的关于宇宙的独特思考和问题。

大量而广泛的阅读是为了输入信息，而提问则是输出自己的思考。如何在输入和输出之间架起一座桥梁？这需要你具有独立思考、判断、质疑的能力，不迷信和盲从权威，勇于挑战并提出自己的观点；需要你具有批判性思维，即你需要学会从不同角度去审视和思考；同时，也需要你具备快速阅读的能力，即在短时间内阅读大量图书和资料，抓取其中的关键信息，并形成相应的逻辑体系，此时思维导图将成为你的重要工具。

关于如何学会快速而高效地阅读，我会在之后的章节中写到。

另外，资料的来源非常重要，互联网上的海量信息真伪并存、泥沙俱下。因此，当我们查阅资料时，不应仅仅局限于互联网，还要找到一些更准确的资料。

准确的信息资源来自：

· 对话者的自传、他传、纪录片；

· 对话者所从事行业的相关图书；

· 对话者所从事行业的最近新闻、权威媒体的最新报道。

记得我在中国人民大学新闻系学习的时候，老师曾告诉我们，采访前的阅读也叫"静态采访"，即在正式采访前，你已经和你的对话者"见面认识"，并熟知他的过往故事和思想言论了。所以，当你真正见到他时，就仿佛是和老朋友重逢了！

和高手交谈

美国王牌记者迈克·华莱士（Mike Wallace）在他

的著作《光与热》中指出：网络的诞生，使得背景调查研究似乎变得前所未有地简单，以至于年轻记者常常以为所有的调研都可以在网上完成。这种想法当然是不对的。互联网提供了一个绝妙的起点，但如果你想要提出精彩的问题，就必须走出去，和相关人士交谈，和懂这行的人交谈。

这是一个非常好的方法。

我在采访一个人之前，一定要和这个行业里的资深人士聊一聊，以便获取最真实、最前沿的情况，并建立起对这个圈子更准确的认知，当我和这位资深人士谈完之后，我想提的问题就变得准确了很多，也深刻了很多。

举个例子，我的女儿在初中时迷上了小说创作，成了学校小说社的社长。一次，她和同学们邀请了一位知名网络作家来小说社进行对话。我辗转找到了一家知名文学网站的总监，和女儿一起，与这位总监进行了一次深度沟通，了解到成为一名签约作者需要具备的素质、这个行业的很多真实故事以及职业写作者背后的酸甜苦辣。沟通之后，女儿说，这一切和她从前所想象的网络作家的生活是完全不一样的，她很是感叹。

后来，女儿写了一份采访提纲，和同学们一起对那位网络作家进行了访谈，那位作家连连夸赞他们所提的问题有深度，并认真地做了回答，访谈进行得很成功！回家后，女儿说，看来采访前和高手交谈，是非常重要的、不可或缺的一环呢！

✚ 换个角度看世界：培养孩子多维思考的能力

要想提出一个好问题，我们除了大量阅读、和行业高手交谈之外，还需要站在不同的角度去思考，这样才能发现更多不为人知的美丽风景，就如同苏东坡的名句"横看成岭侧成峰，远近高低各不同"。有时候，变换一下思考的角度，就能激发出更多元化的思考、更多维度的想象。相比之下，只有一个维度的思考，往往会限制住我们的探索。

大众的角度

这是一个提问者的基本出发点。你可以把自己设想为一个小记者，你所提出的问题并不代表你个人的好恶或兴趣，而是代表万千大众，你需要提出他们最感兴趣、最想知晓的问题。所以，你一定要从这个角度出发来设计问题。

有一个好方法是，在对话前，我们可以在线上做一下小调研，看看大家都想问哪些问题。

例如，在采访《量子大唠嗑：开启未来世界的思维方式》一书的作者马兆远先生之前，我就带着孩子们进行了线上调研，收到了上百个问题。孩子们从这些问题中筛选出了最有代表性、最有价值的问题。

对话者的角度

有些问题需要站在对话者的角度来进行设计。这样既能体现出我们对他人的尊重和理解，又能快速与对话者同频共振。

"作为一位 ×××，您最愿意传递给大众的理念是什么？您对人生最深刻的理解与见地是什么？"

"在您的一生中，最触动您、打动您，令您最难忘、最感恩的人或事是什么？"

这样的问题与对话者的人生阅历紧密相关，能让其讲出动人的故事，并能让他们金句迭出地讲出自己的人生感悟。

　　例如，我带着孩子们采访一些知名老师时，会首先邀请这些老师用二十分钟的时间讲讲自己的人生经历，尤其是自己年少时期的故事——自己遭遇的困境或者人生难题等。孩子们在这个过程中可以试着从老师的角度想想，如果当时自己面临着那样的困境，该怎么办？如果自己面临同样的人生难题，该如何去解决？如果自己正站在人生的十字路口，该何去何从？通过这样的设想，同学们就能设计出很有趣的问题。

　　在采访《中国能源报》总编辑谢戎彬老师的时候，有同学问道：

　　"谢老师，您曾是一名驻南斯拉夫战地新闻记者，美国空袭南斯拉夫时，您有没有感到恐惧，想过回国？如果是我，会感到很恐惧的。请问，当时您是如何面对的？"

　　这个问题站在了对话者的角度，设想当时自己在场，会感到恐惧，并由此进行延伸式的提问，问询对话者的内心感受，这样的延伸，非常恰当。

行业专家的角度

如果你能以行业专家的视角，向对话者提出一些专业性的问题，会让他们对你刮目相看，并迅速拉近你们之间的距离，使你们的对话深入地进行下去。

小案例

2003年，我接到报社任务——采访1998年的诺贝尔经济学奖得主阿马蒂亚·森（Amartya Sen）。我之前没有系统地学习过经济学，对经济学不甚了解，但快速学习能力是一个提问者最重要的基本功。

于是，我迅速找来经济学的入门书籍，从这位教授的著作开始学习，并查阅了大量的相关资料和新闻。我了解到，阿马蒂亚·森教授专注于对低收入群体的研究，被誉为"经济学良心"。

结合当时中国的经济发展现状，我提出了下面两个问题：

问题1："随着中国改革开放政策的不断深入，出现了各个阶层之间收入差距加大的现象。请问，这是不是每一个发展中国家在上升时期都必然会面对的现象、必然要经历的过程？我们作为社会的普通大众，应该如何面对？"

问题 2："以您纵观世界各国的经济发展的经验来看，如果要想缩小社会各阶层之间收入分配的差距，政府在其中应该扮演怎样的角色？"

显然，这两个问题，是我在深入学习，并经过了独立思考与判断之后提出的。这样的问题具有一定的专业性和深度，会立刻引起阿马蒂亚·森教授的浓厚兴趣。后来他表示，这两个问题他很愿意认真地思考与回答。

私人的角度

每个人在谈到自己的挚爱与亲人时，内心都是柔软的，哪怕一个外表看起来很硬朗的人也是如此。在和他人沟通时，如果我们能主动地聊一聊自己的家人、亲人，可能会引起对方的共鸣，并迅速拉近我们和对话者之间的距离，与对话者建立起更良好的联结关系。

我们也可以在适当的时机问一些关于对话者的童年或是与父母、孩子相关的话题，这也许会使谈话气氛变得融洽，并达到一个新的高潮。同时，我们能更深入地理解对方，也能为之前抱有疑惑的问题找到答案。

当然，谈论这个话题要特别注意分寸感和边界感，要确保我们的对话是在不影响受访者的情绪、不越界的基础之上进行的。

小案例

2023 年 8 月，我收到俞敏洪老师的邀请，做客"老俞闲话"直播间，和俞老师进行了一场名为"做孩子的成长合伙人"的对话。

一开场，俞老师说："今天我们的谈话不要搞成一场讲座，应该轻松一些，就孩子的阅读和成长这个话题做一次探讨和交流。我们主要聊一下，您作为一位母亲，如何用阅读陪伴孩子的成长？对于女儿芸舟，您是如何用阅读的方式帮助她解决青春期的难题和成长的烦恼，使得她更加快乐健康地成长的？"

俞敏洪老师让我以一位母亲的身份，而非一位阅读教育专家的身份来进行对话，这更贴近我的实际生活，贴近我内心最柔软的部分，从而让我迅速进入一种轻松、舒适的状态中。所以，这个对话角度的选择，是非常成功的。

通过变换提问的角度——大众的角度、对话者的角度、行业专家的角度和私人的角度来提问，我们的提问会拥有全新的视角和思考。在此基础上，相信我们一定能提出更好的问题。

总之，要想提出一个好问题，我们需要转换思考角度。只有这样，我们提出的问题才能点燃智慧的火花，促成一场精彩绝伦的思想盛宴。

小练习

家庭互动——成长的烦恼

请你用对话的方式对你的父母进行一次小采访。

● 和他们聊一聊他们的童年时代与少年时代，了解他们都遇到过哪些烦恼和困惑。

● 请试着从不同的角度进行换位思考，设想如果当时和他们处在同样的境况，你会如何去面对和解决遇到的烦恼？

● 和他们展开真诚的探讨，说说你的童年和他们的童年有何不同，你们双方对彼此有什么诚恳的建议？

问出"好问题"的金钥匙——快速高效阅读

在不断成长的过程中，提问是我们探索未知、深化理解的工具。一个精彩而深刻的问题不是凭空而来的，它产生于广泛的阅读和深入的思考。

通过阅读，我们能够接触到不同领域的知识、拓宽视野、提高认知。阅读也能为我们提供丰富的素材和背景信息，使我们的提问更加精准、深入。

提问之前的阅读，是知识积累、理解深化和提问有效的基石。它让我们在提问时能站得更高、看得更远，提出的问题也更具深度和价值。

如何在有限的时间，快速而准确地阅读并吸收其中的精华？这是我们每个人需要面对的挑战，也是提升我们的学习力和个人竞争力的关键所在。

所以，在学习提问之前，我们首先要学会如何快速高效地阅读，如何抓取其中的关键信息！

快速高效阅读的基本概念

在写完《阅读教育——做孩子的成长合伙人》之后的一年多时间里，我重点研究了"如何快速高效阅读"这个专题。

我认为，快速高效阅读，并非简单地加快阅读的速度，而是在保证理解阅读内容的前提下，通过科学的阅读策略，提高单位时间内的阅读量。其核心在于优化信息处理流程，减少不必要的阅读障碍，使大脑更加专注于核心内容。这就要求阅读者不仅要具备良好的阅读习惯，还要掌握一系列高效阅读的技巧。

我们需要理清一个问题：提问前，应该阅读什么？

我们可以阅读对话者的自传、他传、专著、论文等；也可以阅读对话者所在领域的相关图书、新闻以及观看对话者的演讲视频等。

我做记者的时候，在采访每个人物之前，至少要阅读十万字以上的资料，其中包括所有我能拿到的与之相关的文字资料，另外还有影像资料，这样才能确保自己提出一个好问题。

✚ 掌握独门秘籍，为快速高效阅读助力

在前面我们讲了，要提出好问题需要阅读大量资料，那么如何才能在短时间内抓住关键信息呢？这需要我们学会快速高效地阅读。其实，掌握这个硬核能力并非想象中的那么困难，现在，我告诉你几个易学的技巧，一定会让你事半功倍。

可以给自己提这么几个问题：我为什么读这本书或这篇文章？是为了学习新知识，解决某个问题，还是为了娱乐放松？明确自己的阅读目的，无疑是开启高效阅读的第一步。它能帮助你集中注意力，筛选出真正需要的信息，避免在无关紧要的细节上浪费时间。

接下来，我们需要找一个"导航仪"，就像我们开车去往一个地点，要借助导航仪的指引，我们的阅读也需要有这么一个"导航仪"。跟着这个"导航仪"走，它能把

我们带到我们想要去的地方，让我们在快速阅读中把握住"方向盘"，不再迷失方向。

导航仪 A：阅读目录

　　拿起一本书，首先需要阅读目录，这样做可以尽可能快速地了解本书的主题、整体框架与核心观点，这是读书最常用的重要方法。

　　阅读目录，包括阅读章节的标题，可以了解该书的整体框架，而阅读每一节的标题可以了解每一节的核心观点，由此对这本书建立起一个总体认知。

　　通过阅读目录，我们需要找到哪些是自己感兴趣的章节、哪些是该书的核心章节、哪些章节可以暂时不读，确认了这些之后，就能为接下来的阅读节省出很多的时间，从而实现更高效的阅读。

小案例

《阅读教育——做孩子的成长合伙人》
第四章的目录

第四章　用阅读提升孩子的综合素养

这个篇章写的是"用阅读提升孩子的综合素养"。读者在读完这一章的标题后，就可以找到自己感兴趣的话题、想要深入学习了解的主题，或是找到有共鸣的观点，真正开始阅读。

导航仪 B：阅读序言

读书先读序言，这是阅读之路上的一条捷径。

如果是自序，作者往往会写到本书的创作源起、创作目的和自己的核心观点等；如果是他序，序言中可能会有对本书的评价。这些都会帮助我们在正式阅读之前，对本书形成一个基本的认知，带领我们进入阅读场景。

特别重要的是，在阅读完整本书后，我建议回过头来再读一遍序言，这样做的好处是：一方面，我们会对序言里的内容有更深刻的认识；另一方面，序言中的某些观点则会加深我们对该书的理解。

小案例

《向上生长——给孩子的名人故事》一书中的序言节选

我一直提倡家庭共读，这不仅仅是指在孩子幼年阶段的亲子共读，而且还包括孩子能够独立阅读以后，仍坚持父母和孩子同读一本书，同看一部电影，一起讨论、分享，在这个过程中实现两代人的共同成长。

家庭教育的本质是父母的自我学习和自我成长。他们在和孩子共读一本本优质图书的过程中，一方面孩子能够获得心灵的滋养、品格的培育、价值观的树立，另一方面他们自己也能获得人生的第二次成长。

在家庭共读中，父母和孩子将逐渐建立起共同的价值观和共同的话语体系，从而拥有共同的精神世界，这将成为两代人之间重要的精神财富。

当孩子进入青春期时，由于多年的家庭共读，父母和孩子的认知始终在同一个频道，因此将建立起亲密的、朋友似的、相互尊重和信任的亲子关系，这会让两代人之间的沟通难题、隔阂和矛盾都迎刃而解。

那么，家庭共读应该读什么书？

我认为，阅读不仅仅是读书，也应包括读人、读世界，而阅读名人故事无疑能囊括"读书、读人、读世界"这三个目标内容，是家庭共读的首选。想让孩子成为一个身心健康、追求卓越的人，阅读名人故事是有效的方式。

所以，我决定为孩子和父母写一本名人故事，讲述伟大人物的成长历程和人生故事，分享他们的人生智慧，为大家提供一个家庭共读文本。

很多父母与我分享了关于孩子成长的诸多烦恼，他们集中反映的一些问题，我认为在阅读名人故事的过程中都能得到有效解决。

问题 1 :

很多妈妈都为孩子的疯狂追星，而且追的是一些娱乐圈的流量明星而苦恼不已。那么，孩子到底应该追怎样的星，应该以怎样的姿态去追星？

我曾给孩子们写过这么一段话：

你有 idol（偶像）吗？你喜欢他帅气的外表、动人的歌声，还是出色的演技？你知道吗？在人类的历史上，有这样一些人，他们特立独行，他们才华横溢，他们用自己的智慧和创造力推动人类不断向前。我认为，他们才是最酷的 idol。

让孩子阅读名人故事，可以为他提供更广阔的视野，让他了解各个领域的传奇人物，让他去发现真正的英雄、真正的偶像。

一位妈妈曾给我写过这么一封信——

亲爱的周老师：

我的儿子叫晓宏，他今年 12 岁，刚刚进入青春期。他从五年级开始，就疯狂追某位明星，他背着我们逃课去看他的每一场演唱会，如果我们不给他买票的钱，他会向同学借。

我和他爸爸多次与他谈话，可他根本就听不进去，这让我们非常担心和无奈。

当我儿子听了您讲的科比的故事后，他跟我说，他明白了什么是真正的热爱。热爱不是站在场外尖叫呐喊，而是投入自己的汗水和行动去实现梦想，拼尽全力，永不放弃。

我儿子说：我觉得科比才应该是我的偶像，我想成为一个像他那样的人。

那天之后，我感到儿子变了。他不再把自己关在房间里疯狂听那位明星的歌，他开始和同学有说有笑，他开始认真学习。我高兴得流下了幸福的眼泪。

我给您写这封信，是希望您也可以跟别的家长朋友分享一下，希望那些曾和我一样焦虑的妈妈能有所收获。

孩子一旦找到自己真正的人生偶像，就会树立起人生目标，进而找到自己的人生方向，如同在茫茫大海上看到了灯塔，不会再对自己的未来感到迷茫和困惑。

好的家庭教育，一定是帮助孩子树立目标的教育。

在这篇序言中，我交代了写作本书的原因——打造一个家庭共读的文本，以及为何要做家庭共读，它将为孩子的成长带来怎样的价值。

接着，我为读者详解了阅读名人故事，能助力解决孩子的哪些成长问题，例如追星、学习动力、抗挫力等。

读者在看完这篇序言后，就会明白为何要做家庭共读以及共读名人故事的意义。家长可以根据我的提示，与孩子一起有选择、有针对性地阅读其中的故事，这样的阅读会更加有的放矢。

导航仪 C：跳读

跳读是快速阅读的关键窍门。跳读是指跳过书中一些无关紧要的部分，重点阅读关键性内容的一种快速阅读方法。运用跳读法进行阅读，不但可以提高阅读速度，而且能很快抓住关键信息，把握文章主题。所以，跳读是快速阅读中的一个技巧，值得学习和掌握。

跳读的具体方法：

·阅读时，眼睛快速地浏览文字，对于一些不感兴趣的内容直接跳过，可谓一目十行；

·抓取大标题、小标题、黑体字进行阅读，核心内容往往都在其中。读到感兴趣的或者觉得关键的地方，再放慢速度，仔细阅读，并用笔做标注；

·通过一些综合性词语，如"由此""总之"等，可以很快找到关键性的总结句。

跳读这个重要的快速阅读技巧，掌握它的秘诀是进行大量的实践和练习。

小案例

遭遇校园霸凌的童年

美国知名企业家埃隆·马斯克从小酷爱读书、渴望冒险，但你肯定不会想到，这位"钢铁侠"在学校时曾长期遭受校园霸凌。

马斯克小时候非常聪明，对任何事物都充满了好奇心，看书过目不忘，理解问题的速度比其他孩子快很多。他经常陷入一种发呆的状态，其实是因为他在非常专心地思考问题。这种强大的思维方式也给他带来了麻烦：其他孩子因马斯克经常对人不理不睬的样子而十分反感，认为马斯克是个怪胎。

马斯克在学校里很少说话，一开口经常把其他小伙伴气得够呛。在他七岁的某一天，学校停电了，教室里的学生们陷入了黑暗之中，大家都有点害怕，开始抱怨起来。这时，马斯克脱口而出："黑暗只是没有光线而已。"

同龄人都觉得他怪怪的，厌烦他、疏远他，不和他一起玩。随着年龄的增长，他的同学们越来越讨厌他。这种讨厌夹杂着嫉妒和反感，他们开始毫无理由地攻击马斯克，甚至殴打马斯克的一个好朋友。直到那个好朋友发誓再也不跟马斯克来往，这群疯狂的校园霸凌者才停手。

他们对马斯克的欺辱从来都没有断过。一天下午，马斯克和弟弟在楼梯间吃午饭，突然，一个男孩悄悄出现在马斯克的身后，用脚踢他的脑袋，并把他推下了楼梯，一群男孩冲上去对他就是一顿拳打脚踢。马斯克被打得惨不忍睹，在医院住了一个星期才回到学校。

那几年，这群校园霸凌者不停地纠缠马斯克，每次都把他打得狼狈不堪。马斯克想尽办法躲避他们，仍常常被揍得鼻青脸肿。

噩梦一直持续到了马斯克十六岁那年。他转学到另外一所公立高中，那里的学生行为端正，他的生活和学习环境也变得舒适了许多。次年，马斯克顺利地完成了高中学业。

马斯克的童年和少年时代无疑是不幸的。但是他并没有被不幸打倒，反而越来越坚定，他喜欢引用英国前首相温斯顿·伦纳德·斯宾塞·丘吉尔（Winston Leonard Spencer Churchill）的一句名言："如果你正遭遇地狱般的磨难，请不要放弃。"不管是小时候被人殴打、孤立，还是创业路上多次陷入绝境，马斯克始终坚持做自己，不肯妥协。

可能你有时提出的想法在别人看来非常奇怪，可能你正因为和别人不一样的兴趣爱好而忍受嘲讽。但这些毫无意义的困扰终究会过去，最重要的是，做你自己。

也许现在的你不被大家理解，但坚持做自己，将来有一天你终将绽放出独一无二的光彩。

请同学们用跳读的方式来阅读这篇文章，并指出文章的主题、故事梗概、金句，并试着总结一下，你是如何进行跳读的。

我想建议你的是：跳读的部分可以是这个故事中的一些细节描写，而本文中的开头和结尾，尤其是本文中的一些金句，是你不应该错过的华彩乐章。

小练习

阅读挑战赛——"找寻宝藏"的速读比赛

　　快速阅读是需要反复练习才能习得的能力。现在，请你发起一个名为"找寻宝藏"的快速阅读比赛，并设定时间限制。例如，用二十分钟或十分钟读完一个章节，然后找出你认为的核心观点。时间限制的设定能促使你更加专注，提高阅读速度。

✚ 专注力训练：让孩子更专注地阅读和思考

面对海量的文章和图书，快速高效地阅读，是高效学习的基石，是同学们最应该掌握的技能之一。

快速阅读要保持高度集中的注意力。

快速阅读不只是求速度，还要求做到理解内容，如果注意力不集中就很难保证在极短的时间内找到关键信息，并对内容进行理解。因此，阅读的速度越快，就越需要保持注意力的高度集中。

如何在阅读中做到注意力高度集中？我总结了三个技巧：

· 快速阅读时不要读出声音，要学会默读。读出声音时一般每分钟读二百个字，默读每分钟可读五百到八百个字；

· 扩大视界：尝试一次性看更多的字或更多的行，减少眼球移动次数，从而提高阅读速度；

·减少回视：尽量避免在阅读过程中频繁回头查看前文，这会影响到阅读的流畅度和速度。

这三个技巧，听起来容易，做起来可不太容易，需要你反反复复地练习才能掌握。掌握了这些技巧，我们在阅读时就能保持注意力的高度集中，这也是实现高效学习的关键。

✚ 做好阅读的时间管理

我在之前出版的几本书中，都强调了孩子们要学习时间管理，因为一个人只有管理好自己的时间，才能掌控自己的人生。在阅读中也是如此，我们只有学会做好阅读的时间管理，才能让阅读这件事变得轻松、快乐、有趣，而不是一件苦差事。

设定"有效阅读时间"

建议你根据自己现有的阅读能力，为自己设定一个有效阅读时间。例如，"用二十分钟读完三页文字"，这个时间压力能促使你更加专注，提高阅读速度。如果没有完成目标，可以多练习几次，直到自己达成这个目标，这样，你就找到了阅读的成就感，也为自己不断提升阅读效率增加信心。

多利用碎片化时间

很多同学跟我说，自己每天的作业很多，实在抽不出时间来阅读，我的建议是：时间就像海绵里的水，挤一挤总是有的。例如，你可以利用上学路上的零散时间听一本好书；用每晚睡前的三十分钟，读一读自己喜欢的作品。

不积跬步，无以至千里；不积小流，无以成江海。这样的阅读积累，一定会成为为你源源不断输送能量的"发电站"，为你充电加油，托举你飞向更辽阔的蓝天。

学会劳逸结合

长时间连续阅读，容易导致注意力分散和视觉疲劳。我建议你采用分段式阅读法，即每次集中注意力阅读十、二十、三十分钟（具体的时间根据自己的情况决定），然后休息五到十分钟。休息时可以做眼保健操、远眺或是散步、聊天、听音乐，但不能刷手机，这能帮助你的大脑和身体恢复活力。只有让自己的大脑得到有效的休息和放松，才能够保证持续有效的高效阅读。正所谓"磨刀不误砍柴工"，这也能帮助我们缓解阅读和学习的疲惫感，减少我们对阅读的厌倦感，从而成为一个"学得好，又玩得好"的人！

✚ 捕捉关键信息："关键字眼"的锁定与记录

在阅读中，有一个需要掌握的重要技巧是快速找到文中的关键词句。

这是一个在应试中非常重要的能力，也是需要刻意练习的能力。

关键词句大都分布在文章的开头、结尾以及中间各个段落的开头和结尾。将这些关键部分阅读完之后，你会对文章形成一个总的印象。

我有一个在多年阅读中养成的习惯，就是阅读时手里一定要拿着一支笔，一方面可以随时标出关键句、关键词；另一方面可以随时在文字旁边写上几句自己的感悟。这是我在阅读中总结出的一个重要经验，它让我受益匪浅。

小案例

2022 年全国甲卷高考语文作文题目

2022 年的高考语文作文题目，着实惊艳了考生和家长们，尤其是全国甲卷的作文题目，让很多考生直呼无从下手。

作文题目如下。

《红楼梦》写到"大观园试才题对额"时有一个情节，为元妃（贾元春）省亲修建的大观园竣工后，众人给园中桥上亭子的匾额题名。有人主张从欧阳修《醉翁亭记》"有亭翼然"一句中，取"翼然"二字；贾政认为"此亭压水而成"，题名"还须偏于水"，主张从"泻出于两峰之间"中拈出一个"泻"字，有人即附和题为"泻玉"；贾宝玉则觉得用"沁芳"更为新雅，贾政点头默许。"沁芳"二字，点出了花木映水的佳境，不落俗套；也契合元妃省亲之事，蕴藉含蓄，思虑周全。

以上材料中，众人给匾额题名，或直接移用，或借鉴化用，或根据情境独创，产生了不同的艺术效果。这个现象也能在更广泛的领域给人以启示，引发深入思考。请你结合自己的学习和生活经验，写一篇文章。

要求：选准角度，确定立意，明确文体，自拟标题；不要套作，不得抄袭；不得泄露个人信息；不少于800字。

"以上材料中，众人给匾额题名，或直接移用，或借鉴化用，或根据情境独创，产生了不同的艺术效果。"这句话中的"或直接移用，或借鉴化用，或根据情境独创"，就是中心句，也是题眼。只要找到了这个中心句，也就找到了这道作文题的题眼，这道作文题也就迎刃而解了——对一个事物的引用、化用或独创，会收获不同的结果，由此就可以展开联想和论述。

找到关键词、中心句，就能帮助我们加速实现高效阅读，所以让我们从现在的阅读开始，拿起一支笔，练习起来吧！

从阅读到提问：引导孩子在阅读中发现问题

如果我们仅仅追求阅读的速度而忽视了对内容的深度理解，往往会导致读过即忘。学会在快速阅读中整理出关键问题，不仅能够加深我们对内容的理解，还能激发更有深度的思考与讨论。如果你的阅读是在为接下来的对话做准备，那么在阅读中整理出问题大纲的能力就显得愈加重要。如何掌握在快速阅读中整理出问题的能力呢？

阅读前：思考问题

用我们之前讲过的方法，当你阅读完序言、目录以及关于本书的背景介绍后，你的脑子里就会产生一些问题，例如，作者为何要写这本书？他想向我们传达一些怎样的思想，这对于我有着怎样的意义？请你带着这些问题踏上快速高效阅读的"列车"。

阅读中：边读边记

在快读阅读的同时，你可以尝试着用笔，写下你的质疑与思考，还可以画出人物的大事年表，或人生曲线图，或思维导图、思维大树等，总之，用你自己喜欢的方式，勾勒出你的阅读轨迹图，同时也构建起你的阅读框架和体系。在这个过程中，你的问题就自然而然地产生了。

例如，我在阅读《J.K.罗琳传》的过程中，做了一份J.K.罗琳（J.K.Rowling）的人生曲线图，很多问题在做这份图的过程中产生了：J.K.罗琳是如何在人生的低谷时坚持创作，即使受到病魔的折磨也不言放弃的？第一部作品获得成功，当掌声、鲜花如潮水般向她涌来的时候，她是如何保持清醒，继续写作，让每一部作品都保持高水准的？

阅读后：回顾总结，提炼问题

阅读完成后，首先根据你的思维导图或大事记等，将你之前标注的问题、思考点进行整理，提炼出你认为最值得提出、最值得探讨的问题，然后进行筛选，最后结合自己的思考，形成问题大纲。

在快速阅读中整理出自己的问题，是一个及时标注、主动思考、回顾总结的闭环。这个闭环不仅提升了你的阅读效率，更促进了你的深度理解能力和批判性思维能力的发展。我相信，通过反复练习、总结，每个人都可以拥有这项能力，正所谓"宝剑锋从磨砺出，梅花香自苦寒来"。

费曼学习法，让孩子真正掌握阅读内容

风靡全球的费曼学习法的核心是把学习的内容用自己的话说出来，也就是用老师备课的状态去学习。

我在《阅读教育——做孩子的成长合伙人》一书中提出，阅读是一个从输入到输出的闭环过程，只有在阅读之后，把书中的内容说出来、写出来、演出来，才能把书中的核心观点转化成自己的思想和智慧，才算是真正把书读成自己的了。

说出来

即用复述、朗诵、演讲、辩论等方式，把书中的核心内容进行输出。

关于复述

你可以把自己读过的一个故事，用自己的语言讲给同学或好朋友听，还可以和他们讨论："你们喜欢这个故事吗？喜欢故事里的主人公吗？喜欢这个作者吗？喜欢的原因是什么？"相信这样的讨论一定能加深你对这个故事的理解，提升你的表达力，增强你对于阅读的兴趣。

关于朗诵

"独读书不如众读书"，同样地，"独读诗不如众读诗"。你可以和同学们策划一场诗歌朗诵会，聚在一起读一读自己写的诗或是读一读经典佳作，这也是一件很有意义的事情。因为少年是人一生中最美的年华，朗读是展现文字生命的一种形式，少年朗读则是在最美的年华与最优美的文字相知相遇，相伴相依。

策划一场诗歌朗诵会，需要做如下准备：

· 确定主题，例如"春天就要到了"；

· 根据主题，自己写一首诗或者找一首自己喜欢的诗；

· 找一个和诗歌朗诵会主题氛围相契合的、合适的场地；

· 制作海报，号召同学们来参加这场诗歌朗诵会。

每一个孩子都是天生的诗人，你们透明如水晶的心灵是诗歌最优质的土壤，你们大胆好奇的想象是诗歌最奇异的翅膀。所以，我建议你拿起笔，写一写内心的诗句，自由地书写自己的年少时光，并且以诗会友，结伴吟诵属于自己的美好年华。

关于演讲与辩论

阅读后的演讲与辩论是更高级的输出方式，你可以就阅读中的一个主题，说出自己的所感所悟，或是就一个话题展开正反双方的辩论，说出自己的观点，这些都是非常有趣的事情。例如，读了《三国演义》，你们可以讨论一下：曹操是坏人吗？你为什么认为曹操是坏人？

慢慢地，你的口头表达能力、逻辑思维能力和阅读能力都在这样的表达中一步步地提高，你会发现自己原来是如此优秀。

写出来

当听说要写读后感时，你可能觉得是一件头疼的事情。其实在阅读后，不一定要写那种老师要求的读后感，可以随意地，用不同的方式来表达内心感想——写一段话、做一本手账、画一幅画等，都可以。比如可以给书中的人物、作者画一幅肖像，也可以画一个书中所有人物的关系图谱，或者改写故事的结局等。总之，用你所喜欢的方式写写画画，记录下你阅读后的心情、感受和收获。

在阅读的过程中和阅读后拿起你的笔，记录下自己的感想，能够增强自己阅读的收获感，有效地提升自己的阅读能力。

演出来

即把书中的经典片段表演出来，这是一件非常有趣的事情。

例如，我的女儿在看了某本经典著作以后，决定和同学们表演其中的精彩片段。他们选取电影中的一个片段，将它改编成一出小短剧，并自己采购道具和服装，进行彩排、布置场地、发邀请函，最后登场表演。精彩的表演获得了观众的阵阵热烈掌声，他们自己也觉得非常有成就感。

你们在读完《红楼梦》《西游记》这类经典著作之后，可以选取其中的经典片段，如"刘姥姥进大观园""黛玉葬花""孙悟空大闹天宫"等，和好朋友们一起进行表演。我相信，你们会在演绎的过程中感受到文学的魅力和阅读的乐趣。

在表演小短剧的过程中，还可以提高自己的沟通能力、合作能力、信任感、担当感等素质与能力。这些素质与能力比学科成绩对你们更加重要。

总之，快速高效的阅读能力并非一朝一夕就可获得，而是需要反复练习才能掌握，我们需要不断地去实践和调整，从而总结出一套最适合自己的快速高效阅读的方法，进而让每一次阅读都成为一次深刻的学习与成长之旅。

　　另外，快速高效地阅读，不仅是一种阅读技巧，更是一种生活态度和学习方式。它让我们在知识的海洋中自由遨游，不断汲取养分，成就更加丰富多彩的人生。请记住，阅读是我们人生中获取知识和智慧的源头活水，而阅读之后的理解、应用和实践则是一个转化器，帮助我们把书本中的智慧转化成自己的智慧。让我们在阅读中不断前行、不断转化，成为更美好的自己。

小练习
问题整理术

　　设想一下，你将采访自己喜爱的一位作家（比如 J.K. 罗琳等），请你在阅读完他的一到两本代表作之后，写出一份有三到五个问题的采访提纲，并和你的好朋友或家人讨论这份提纲，听取他们的意见，再做修改。

PART 4

九种提问方式，激发孩子无限潜能

要想提出一个好问题，不仅需要强烈的好奇心、敏锐的观察力，还需要理性的思考、不同的技巧。从本章开始，我会带领大家走入如万花筒般绚烂的"提问类型世界"，给大家分享一些具体的提问类型，同时辅之以生动的小案例，深入分析提问的技巧和方法，切实助力大家提升自己提出优质问题的能力，练就自己的"提问力"。

✚ 关联式提问：联结他与我

顾名思义，关联式提问是把对话者的人生经历、现在正在做的事情，与自己的成长困惑、人生思考做一个结合和关联，进而提出自己的问题，希望能从对话者的回答中找到可以参考的答案。

关联式提问的魅力：打破思维的"墙"

关联式提问，这是我非常鼓励和提倡的一种青少年的提问方式。我希望孩子们能真正学会和运用这种提问方式，把对话者的故事和自己的故事关联起来，进而引发自己独特的思考和疑问。

我们每个人的思维里都有一堵"墙"，这堵"墙"指的是我们所能看见的一切、所能听到的东西、我们固有的认知模式等。我们常常被困在这堵"墙"里，对很多问题想不明白、看不清楚，因而产生了烦恼、困惑和焦虑。

如果我们能够主动地打破这堵"墙"，勇敢地跳出先前的思维框架，去探索、去提问、去质疑，我们就能发现全新的思路，进而找到问题的答案。

打破这堵"墙"的最佳方法便是主动去联结外部，去关联他人，试图从他人的人生故事和人生智慧中获得思考和启迪，最终找到问题的答案，让我们的认知更上一层楼，进而转化为自己的行动和实践。

所以，关联式提问是帮助我们打破思维的"墙"，解决成长的烦恼和困惑的最佳方式之一。

关联式提问的分类与案例：从他人故事到自我成长的跨越探索

对比式关联提问

即通过比较不同的人、事物或观点之间的相同之处和不同之处，提出自己的疑问，从而得到新的答案或解决方案。

小案例

陈龙雨是一位来自江苏省淮安市的十二岁男孩。2023年1月，他的妈妈找到我，说陈龙雨看了我写的《向上生长——给孩子的名人故事》和《我用阅读教育孩子》两本书后，非常想和我聊聊自己成长的烦恼，想来采访我，我欣然应允。

陈龙雨同学见到我后，把我书中的故事和他自己的迷惘困惑做了很好的关联，向我提了很多高质量的问题，此处略举一二。

陈龙雨：周老师，在您的著作《向上生长——给孩子的名人故事》中，我读到了美国著名篮球明星科比·布莱恩特（Kobe Bryant）的故事，了解了他在一次次失败后是如何一次次爬起来，开始更加严苛的自我训练的经历。在读到那句"你见过凌晨四点的洛杉矶吗？"时，我非常感动。

我在成长中遇到了很多烦恼，我知道每个人的人生都不是一帆风顺的，都充满了挑战。您是否也经历过人生的低谷与高光时刻？您是怎样从低谷中爬起，又是怎样对待自己的高光时刻的呢？我希望能从您的回答中得到启迪。

周璐：这个问题问得特别好。谁的人生都不可能是一条直线，会有高峰，也会有低谷。每个人的人生曲线都是由无数条这样的波浪线组成的。我想与你分享一个我少年时代的故事，希望会对你有所启发。这个故事，我曾写入《向上生长——给孩子的名人故事》一书里，后来被主编给删掉了，但我觉得还是很有意思，想跟你讲一讲。

中学时我就读于重庆外国语学校，高二下学期，由于我的外语成绩很出色，老师派我参加被誉为"外语界的奥林匹克"的全国俄语竞赛的选拔赛，经过几轮 PK 我落选了。当时老师和同学们对我的期望都非常高，所以我落选的消息令全校师生感到惋惜。对我来说，这是人生中第一次重大挫折，就像你说的，这是一个人人生的低谷、至暗时刻，当时我感觉自己很受挫，很沮丧，也默默地哭泣过。

当时，一位语文老师对我说了一句话："没事儿，孩子，人生还长着！你还有很多个下一次！"我一想，是啊，我的人生还有很多下一次。这句话我至今都记得。老师的那句话就像一把火，重新点燃了我的内心。擦干眼泪，我开始思考自己落选的原因，我想可能我在外语学习中还是存在短板。

在那之后，我更刻苦努力地学习外语，加强听力的练习与口语的训练等。落选反而是一个契机，让我看到了我外语学习中的短板，我努力把这些短板补齐。之后，在高三的保送生选拔中，我脱颖而出，被保送到了北京外国语大学，迎来了我人生的一个高光时刻。

孩子，我之所以想跟你分享这个故事，是想说，第一，我们在低谷的时候哭泣是正常的，它能够帮助我们宣泄内心的负面情绪。我们要允许自己哭泣，要接纳自己。第二，我们不能长期沉浸在负面的情绪当中，而是要让自己走出来，把失败看作一次机会，在这当中发现自己的问题。把失败当成一面镜子，从中找到自己的缺陷和不足，及时修正，然后迎头赶上，在下一次比赛或下一次机会中，相信我们一定能够战胜自己，迎来另一个高光时刻。

陈龙雨同学的这个问题提得很好，他把对话者的人生故事和自己的成长烦恼进行关联，期望从中获得答案，最终在对话者的讲述中，收获了自己想要的答案：把失败当成一面镜子，从中找到自己的缺陷和不足，及时修正，同时意识到挫折的本质是送给自己的一份成长的礼物。

小案例

采访青年学者、《长安诗选》作者韩潇老师

在"少年对话大咖"线上采访活动中，同学们采访青年学者、《长安诗选》作者韩潇老师时，陈龙雨同学提了这样一个问题：

陈龙雨：昨天我们刚听了一场主题为"《长安三万里》与李白"的讲座。讲座上，老师给我们讲述了李白的人生。这是一

个潇洒的人、一个飘逸的人、一个仙风道骨的人，但同时他也是一个自傲的人、一个狂妄的人、一个消极避世的人。语文老师告诉我们，评价一个人物要多元化、全面化。其实，我自己和李白有一点像，在生活中我有时候也很骄傲自满，我也发自内心地想改掉这些缺点，但是又觉得它们已经深入骨髓。妈妈说年少时如果想改掉这些缺点，绝对是能改过来的。韩潇老师，您对李白的了解非常深，您可以为我的成长提出一些建议吗？我该如何改掉这些缺点呢？

韩潇：李白的生命中诱惑太多，他想要的东西也太多，不够执着与专注，这是值得同学们警醒的。一个人如果既想在仕途上有所成就，同时又想过得很快乐，时时刻刻都潇洒和享受，这其实是很难兼得的。一个人的时间和精力是有限的，所以我们要学会取舍，要懂得执着，要学会抵御诱惑。这是李白应该克服的一个弊端。

所以，人在年轻时稍微张扬、自信一些，是没有问题的，但同时要认识到，自己的张扬要以不损害他人的感受为前提，在团队中要学会照顾他人的情绪。张扬是要以实力作为基础的，要让自己的实力配得上自己的张扬。

陈龙雨同学把李白性格特点中的"狂妄自大"和自己的性格特点相比较，找到了相似之处，进而进一步去探问如何改掉这些缺点，这是一种非常好的关联式提问，也是很有意义的探索。相信陈龙雨同学在韩潇老师睿智的回答中获得了启迪。

《论文·里仁》有句话："见贤思齐焉，见不贤而内自省也。"这是我们每一个人获得快速成长的重要路径。

假设式关联提问

即提出一个假设式场景，向对话者提出自己的思考和疑问。

小案例

采访青少年阅读教育专家、《我用阅读教育孩子》作者周璐老师

陈龙雨：您之所以在《我用阅读教育孩子》这本书中提到"兴趣是孩子最好的老师"这个理念，是因为在您的童年时期，老师告诉您阅读与写作是密不可分的，给您埋下了一颗写作的种子，然后您持续、广泛地阅读，写出了《我用阅读教育孩子》这本畅销书。周老师，假如我想成为一名作家，我需要具备哪些知识和能力呢？

周璐：这个问题问得特别好。我的女儿芸身在你这么大的时候也问过我同样的问题。她说："妈妈，读了《哈利·波特》

以后，我也特别想成为一个像 J.K. 罗琳那样伟大的女作家，我该怎么做呢？"

我对她说："成为一个作家可不是一件容易的事情，要具备很多的素质和能力。"什么样的能力呢？我觉得最基本的就是要有海量阅读的能力。因为写作是一种输出，输出之前大脑里要积累丰富的知识和智慧，还要有很好的见识。这都离不开大量的阅读，所以阅读是必不可少的。

除了阅读之外，我认为作家还须具备一项基本能力，即要不断地丰富自己的阅历，增加自己的见识，拓宽自己的视野，因为一个人的阅历是他理解这个世界的基础。

如果想要成为一名作家，我们在年轻的时候就需要读万卷书，行万里路，不断地丰富自己的见识，增加自己的阅历，积累自己的智慧。这样到了一定的年龄段，我们就形成了比较成熟的价值观和认知体系，有自己独立的思考和见解。到这个时候，我们再提起笔来写作，就比较成熟了。这是我认为的作家需要具备的一些素质和能力。

从陈龙雨同学的这个问题中，我们可以看到，他把作者的感悟"兴趣是孩子最好的老师"和自己"想成为一名作家"的理想相结合，然后提出"假如我想成为一名作家，我需要具备哪些知识和能力"这个问题。做这样的思维迁移和关联，是非常有突破性的，也就是前面我们讲过的，打破了思维里的"墙"。在打破了思维里的这堵"墙"之后的提问，无疑是很有价值的。

递进式关联提问

即按照事物的内在逻辑，层层深入，逐渐抛出自己的核心问题。

小案例

在 2024 年的"少年对话大咖"夏令营中，同学们采访了《人民日报》社会版原主编、著名教育博主李智勇老师。李老师曾师从相声大师李立山，学了十年的相声。所以，他用幽默风趣的方式讲述何为新闻、如何告别流水账式的写作、如何写一个更有意境的结尾等。现场掌声、笑声不断，用孩子们的话说："李智勇老师是我见过的最好玩儿的老师。"

小溪：李智勇老师您好！您是《直通高考》节目的评论专家，对中考、高考作文题都有深入的研究，不知道您有没有阅读过李娟老师的书。我阅读完李娟老师的书后，被她清新如风、雅致如小溪的文风所打动，开始模仿她肆意洒脱的写法，并将其运用到考试中，没有想到适得其反。我的作文并没有得到高分，因为我难以把控这种松散的文笔。但我仍然想遵从内心的想法，用我喜欢的方法去写作，可是我也想得到高分。对此，您有什么建议吗？

李智勇：这个责任不在于李娟，也不在于你，而在于模仿。李娟的文风，是有些天才气的文风，她的那些比喻常常是神来之笔，很难模仿。根据我的经验，有的作家很难模仿，例如李白这样的，而杜甫就比较好模仿，因为他的诗有规则，规则还很清楚，用他的诗来形容就是"晚节渐于诗律细"。杜甫到了晚年的时候，他的诗句的章法很规整，规整就意味着规律。比如，开头第一句先写一个总貌，第二句写一个分貌，第三句写感受，第四句写总结。但李白的诗是没有规律的，因为他是天才，他怎么想就怎么写："弃我去者，昨日之日不可留；乱我心者，今日之日多烦忧。""半壁见海日，空中闻天鸡。千岩万转路不定，迷花倚石忽已暝。""虎鼓瑟兮鸾回车，仙之人兮列如麻。"他的写作，是没有什么章法的。

我觉得，李娟的书，你可以先读来用以陶冶情操，不要着急去模仿。因为：第一，你的笔墨不够；第二，李娟的"平淡"文风，是最高级的文风。你现在跟她的距离还比较远，直接跳到最高级的文风上，难度非常大，因为最难的事情就是举重若轻。

初中阶段，我们要学的是什么呢？就是描写的痕迹要浓烈一些。我们五种描写类型（心理描写、动作描写、语言描写、外貌描写、神态描写）恨不能多用修辞。

我们要先掌握华丽的文风，再追求浓厚之淡。欲造平淡难，但是必求浓厚之淡。如果你前面没浓过，直接就求淡，那就是简陋，就是小学生的文笔。

"我到家吃了饭就睡了。"这高明不高明？我告诉你，这要是作家写出来的，那就写得很高明，但如果是中学生写出来的，有的老师就会说这一点文采都没有，是流水账。

著名作家阿城写的"后半夜，人来叫，知青们都起了"是其散文作品——《湖底》中的句子。其《雪山》结尾那句"山顶是雪"并不形容这雪如何洁白，就只写了这四个字。

当作家到了一定的人生境界，他就会写得很平淡。他这种平淡，有身份的加持。

你刚开始学习写作，我觉得不要好高骛远。要先学会走，再学会跑，对于阅读李娟作品的喜好，你可以先保持着，先学习她的场景描写。至于她那种平淡的文风，你现在还无法把握，那么可以先学习丁立梅老师的文风，她的文风特别浓烈，很适合初中阶段的学生应对中考。

先从繁复开始，再到简单，最后再落尽铅华、回归自然，我觉得这个顺序才是对的，不知道你认可不认可？希望你保持着爱好，先遵循考试的要求，然后再一点点进行突破，形成自己的文风。

小溪同学把作家李娟的文风和自己模仿写作的感受相关联，进而提出自己的疑问："如何既能用我喜欢的方法去写作，又能在考试中得高分？"提问很巧妙，也体现出自己独立的思考，并从老师的回答中得到了满意的答案，助力她在今后的写作中更上一层楼。

未来式关联提问

即从当下出发，关联未来，关注未来的可能性和影响，去思考未来的发展方向和我们所能做的应对策略。

小案例

采访阿里巴巴集团副总裁邢悦女士

在 2024 年"少年对话大咖"夏令营中，同学们采访了阿里巴巴集团副总裁邢悦女士。邢悦女士优雅干练，声音悦耳动听，始终面带微笑，讲话时思维清晰严谨、直击重点，让同学们直呼"遇到了心目中的女神"。

小溪：邢悦老师好！我有一个关于青少年创业的问题想要

请教您。我们学校，每年都有一个叫作"红窗汇"的大型活动。在这个活动上，同学们可以售卖自己制作的手工作品，即将读初三的我，已经参加了三届"红窗汇"，是老摊主了。

第一年，我卖自己写的书法作品和书签；第二年，我丰富了商品种类，卖我画的草履虫笔记本、书签、法国文化折页以及手工缝纫的荷包，这一年，我销售业绩很好；第三年，由于前两年书签卖得特别好，我将全部精力都放在了书签上，却没有注意到市场的变化，导致书签没有全部卖出去。如果明年我还有机会参加"红窗汇"的话，您作为一个优秀的企业家，有什么建议给到我呢？

邢悦：你好厉害啊，这么年轻就已经开始创业了，非常棒！我首先要问你，你的书签是卖给同学们吗？你的客户是谁？

小溪：我的客户是学校里的同学和老师。

邢悦：你是通过什么途径来了解你这些客户的需求和喜好的呢？

小溪：我只问了我们年级的同学。

邢悦：我觉得，其实你刚刚把答案都讲出来了。创业，我觉得首先要问的问题就是，什么是客户？就是愿意为你提供的产品或服务去支付、买单的人，这个叫客户。他为什么要买单？他一定有痛点，对不对？你提供的这个东西，我们叫"痛点""痒点"或"爽点"。

"痛点"是什么？是你提供的东西恰巧能解决我的问题。"痒点"是什么呢？大家都知道现在有一种流行的说法叫"种草"，你一"种草"吧，我心里就痒痒。我看了你的产品之后，可能当下不买，但是有一些人买了，我就会跟风。"爽点"就是这个东西我太喜欢了，一看就是我要的，能够让我很开心，为我提供情绪价值。

另外一个问题就是，你的客户是谁？你所供的产品满足了他哪一个层次的需求？

马斯洛需求层次理论认为，人的一生中有五大需求，分别是生理需求、安全需求、归属与爱的需求、尊重需求、自我实现需求。实际上一个好的产品就是去击中人的这些需求的，所以一定要多询问同学们的具体需求，有的时候好的产品不仅仅能满足需求，还可以引领需求。

除此之外，我们还要有一些能够增加客户黏性的独门绝技，我们称之为竞争优势。比如，有那么多做饮料的企业，为什么"元气森林"能脱颖而出？因为它的独门绝技是"0糖""0卡""0添加"的健康饮料。它做到了极致。同样地，假设大家都在平台上卖书签，但如果你售卖的是由某个著名人士签名或写上了他们金句的书签，那可能就不一样了。

人无我有，人有我优。如果大家都在卖书签，或者是都在卖差不多的东西，那你在这个基础上怎么换一条赛道？换什么呢？做生意很不容易，一要看大势、看周期；二要在这个大势、周期里精准地锁定客户；三是要对客户的需求有非常明确的了解，并且能直击我刚才说过的那三个点，能引领需求，带来情绪价值；四是还要做成本和整个收益的测算，让你有盈利空间；五是要不断地调整自己的竞争优势。其实我还是挺佩服你的。与其说这么多，不如你摆摊儿练一练，短暂的亏损不代表长期的不盈利。

淘宝公司七年不盈利才磨一剑，到第八年就盈利了。有一个饮料品牌叫"东方树叶"，实际上是十年前投入市场的，这两年才火，所以如果未来做创业者，企业家的核心精神就是坚持。坚持自己的选择，这背后的逻辑是既不能盲目地坚持，也不要因为短期的亏损而影响自己长期的判断。

青少年创业是孩子们都喜欢讨论的热门话题，这是把自己的所学所思和未来做一个初步联结并小试牛刀的过程。与商界精英探讨这类问题，能得到更多的启迪和思考。这种未来式关联提问有助于我们建立起前瞻性思维，为未来的挑战和机遇做好准备。

现在，让我们来看看错误的提问方式。

问：如今，我们的成长环境和您当年比起来有很大的不同。那么，我能从您的成长中吸取到怎样的经验和教训呢？

成长的周期很长，维度也很大，这个问题的设计过于宽泛，让回答者不知道该从何谈起，这也是很多孩子在提问时都容易犯的一个错误。改正的方法是，把问题细化、具体化，指出更具体的时间和地点，只有这样才能提高回答的准确性。

总之，关联式提问是所有提问方式中最接地气的一种，也是孩子们最容易学会、最容易有收获感的一种提问方式。

对比式关联提问、假设式关联提问、递进式关联提问、未来式关联提问能引发我们进行深度思考，把自己和对话者做更深的联结，更能提升自身解决问题的能力和创新思维。在人工智能时代，熟练掌握并应用关联式提问，将使我们在自我提升与不断创新的路上走得更快、更远。

小练习
同伴挑战——构建你的问题链

• 你得到一个机会，采访中国跳水"新星"全红婵，请你用关联式提问的方法，向全红婵提一个问题。

• 一次偶然的机会，你遇到了你的偶像，请你用关联式提问的方法，向他提出一个问题。

● 请和你的一个小伙伴组成小团队，请他讲讲他的故事，并结合自己的故事与成长感悟，向他提问，然后调换角色，由他向你提问。

✚ 回忆式提问：唤醒生命深处的回响

在与他人的对话中，我们好似坐在时光之舟上，与对话者时而顺流而下，时而逆流而上，找寻着那些被时间尘封的故事和情感。回忆式提问就好似我们手里的一盏灯，照亮那些被遗忘的角落，引导我们深入对话者的内心，重新发现他们现在与过往的联系，进而找到我们想要的答案。

回忆式提问的定义与技巧

回忆式提问，是我们带领对话者穿越时空隧道，回到他人生之路的某个节点，请他追忆过去所经历的人和事，从而获得他的人生故事，以便能深入地了解对方，更能通过他的讲述，帮助他梳理自己人生的所感所悟，从而收获丰富的人生智慧。

这种提问方式，不限于简单的事实回顾，更侧重于情感、价值观和人生智慧的挖掘，其目的是促成深度对话和深刻反思。

回忆式提问，就好像我们带着对话者来到了一座桥上，这座桥连接着他的过去、现在和未来，在这座桥上，对话者抚今追昔，回顾自己过往的人生，发出感慨。

每个人的一生都是一条长长的路，在这条路上，每走一段就会出现一个十字路口，尤其是在我们的青少年时代。在这些十字路口，我们会面临很多的机会、选择和诱惑。如何选择接下来要走的那条路，这需要每个人深思熟虑。而这一次次选择的结果，最终组成了我们的人生版图。

所以，当我们带领对话者踏上回忆之旅时，我们需要和他一起回到他人生旅程中的那一个个十字路口，回到那些对他的人生产生过重要影响的时间节点，然后提出自己的问题。这样，我们才能听到最动人的故事，收获关于生命、关于选择、关于未来的深刻感悟。

小案例

采访著名教育专家、作家孙云晓老师

在 2023 年的"少年对话大咖"夏令营中，同学们采

访了孙云晓老师，孙老师真诚、质朴、睿智，对同学们的成长烦恼深刻理解，并给予了耐心回答，被孩子们称作"跨越时光的知心朋友"。

小溪：孙老师好！我了解到，在您的童年时期，哥哥常常从工厂带回来一些文学名著，没日没夜地阅读，这对您的影响很大，看到哥哥如此热爱阅读，您也拿起了书，开启了自己的阅读之路——《水浒传》《林海雪原》《红岩》……这些经典名著，在您的心里种下了文学的种子，也让您开启了从"淘气大王"到著名教育专家、作家的蜕变之路。如果您的哥哥没有带回那些文学名著，您还会走上文学之路吗？

孙云晓：要是当初哥哥没有带回那些文学名著的话，我可能不会成为一名作家，而是成为一名工人。因为我们很多同学毕业后当了工人，在青岛做工。所以我感觉梦想是需要被点燃的。在成为作家之后，我写了很多书，八十多岁的老父亲对我说："我本来以为咱家没有文化人的苗儿。"

我的父亲一辈子是工人，没怎么读过书，没有什么文化，我怎么会成为一名作家呢？我也常常在思考这个问题。在大众的潜意识里，只有书香门第、知识分子家庭才能培养出作家。我觉得不是这样的，其实很多人都有巨大的潜能，但是这个潜能需要被激发，他们才会发现自己的天赋和热爱所在。

提问者抓住了孙云晓老师童年的闪光时刻——哥哥带来的文学名著点亮了自己的文学之路，引导对话者回到那个人生的路口进行回顾和反思，让对话者不仅回忆了那段难忘的童年时光，还进行了总结和升华——每个人的潜能都需要被激发和点亮，给我们每个人以启迪。

回忆式提问的分类与案例：漫漫长路中的回首与凝练

人生故事类的回忆式提问

这样的提问，能够引导对话者回顾自己生活中有趣的故事，分享那些重要的时刻以及那些对他们的成长产生了重要影响的人和事。

小案例

采访外交学院原党委书记、常务副院长袁南生先生

在 2023 年的"少年对话大咖"夏令营中，孩子们采访了外交学院原党委书记、常务副院长袁南生。袁先生身着白衣黑裤，神采奕奕、笑脸盈盈地坐在孩子们面前，他优雅、谦和的气度让人如沐春风，他真诚的话语更是深深打动了现场的每一个人。

　　李沛岩：袁先生，十三岁您被迫辍学，进入益阳市医药公司工作。三十二岁，您通过自学考试获得了大学英语专业文凭。请问，那些年您是如何坚持学习的？我们很想听您讲讲年少时代的故事。

　　袁南生：为什么我小学六年级上学期没读完就退了学，走上了工作岗位？是因为那一年我的父亲突发癌症去世，全家六口人一下没有了生活来源，母亲决定让我和哥哥都去参加工作，只有这样才可以使得家里的生活保障大一些。于是，年仅十三岁的我就以顶替的方式到了父亲生前工作的医药公司工农药店做学徒。小学时期，我的学习成绩一直是班级第一名，因此老师们都感到很惋惜。

　　学校把我已经缴纳的两元学费退还给了我，但没有让我退回已经拿到的新书，让我留着自学，这让我很感动。从那时开始，我就坚持自学，从未间断。我开始自学英语，当时准备了很多小纸片，正面写上汉语词组，背面抄上英语单词，随身携带，有空时就拿出来背一背。也是从那时起，我养成了每天背英语单词的习惯，一直坚持了好多年。

　　另外，我还坚持读书，除了读一些经典的文学名著，如《契诃夫小说全集》《莎士比亚戏剧集》等，我还系统地读了马列著作，例如《共产党宣言》《资本论》《列宁选集》等，后来还认真阅读了《中国哲学史》等哲学著作，并做了详细的笔记，还写了很多本日记。

这些从未间断的阅读和学习，让我从未因为辍学产生过自卑感，弥补了我辍学的遗憾，不断地为我的人生进行积累和铺垫，并促使我不断进步，不断前行，最终我参加了"文化大革命"后的第一届高考。

袁南生先生在童年时期因为家庭变故被迫辍学，但是他在泥泞里仍然不忘"仰望星空"，不断阅读、坚持学习，终成一代大家。这样的故事深深地打动和震撼了现场的每一个孩子，并在他们心里埋下了一颗梦想的种子。

情感体验类的回忆式提问

这种提问方式是希望对话者走进回忆的通道，重新体验在过去某个时刻的情绪。例如：当您拿到人生的第一张奖状时，您当时的心情是怎样的？这样的问题可以帮助对话者更深入地走进自己的情感世界，讲出他内心深处的故事。

小案例

采访《中国能源报》总编辑谢戎彬

中国能源汽车传播集团有限公司党委书记、《中国能源报》总编辑谢戎彬在刚刚参加工作时，是《人民日报》的一名驻外战地记者，他的人生故事让人心生向往。在与同学们的对话中，他风度翩翩、沉稳大气、诚恳热情，让孩子们印象深刻。

钟子杰：谢老师，您曾是《人民日报》驻南斯拉夫的战地新闻记者，作为《人民日报》历史上最年轻的驻外记者之一，您曾多次在战地进行报道，请问您在接受这项工作的时候怀着怎样心情呢？

谢戎彬：20世纪90年代的南斯拉夫，每天都上演着暗杀、恐怖袭击、爆炸等恐怖事件，更可怕的是北约投弹之后遗留下的核辐射。在得知我将被派往南斯拉夫担任战地新闻记者时，我的父母都非常担心。

我接到这个任务时，如果说没有一点犹豫，那是不现实的。我想到一个非常朴素的道理：既然要享受这份工作的荣誉，就要承受它所带来的风险和压力。我当时是一个年轻的共产党员，又进入了党中央的机关报工作，我的内心充满了使命感和荣誉感，当党组织需要我去前方的时候，我是不能退缩的。

到南斯拉夫后，我想了很多方法来克服生活和工作中的困难。例如，当地有核辐射残留，我就不喝自来水，买矿泉水喝；当地没有汽油、食用油、白糖等生活用品，我就自驾100多公里，到邻国克罗地亚共和国去买；当工作许可证的有效时间越来越短，从两个月到一个月再到十天，我就每隔几天就去警察局门口排长队办理证件。我当时二十四岁，认为吃点苦算不得什么，吃苦正是磨炼自己、丰富自己人生阅历的难得机会。

驻外记者是一个令很多年轻人艳羡的职业，在很多孩子的眼中，这份工作精彩、刺激、充满不确定性。所以小采访者带着对话者回到当初他接到任务的那一刻，请他仔细回忆当时的心情和感悟，这个问题的设计无疑是恰到好处的。谢戎彬老师的回答能给年青一代很多启迪。

价值观梳理类的回忆式提问

这类提问引导对话者通过回顾自己的来时路，反思自己的信念，理解自己价值观的形成和演变，从而梳理出更加清晰的价值观体系。

小案例

对话中国知名考古学家许宏老师

在2023年"少年对话大咖"夏令营中，同学们对话了考古学家许宏老师。许宏老师衣着朴素，笑容真挚，温和诚恳，对每一个同学的提问都给予了充分肯定和鼓励，他的话语中透露着对人生的思考、对岁月的感恩。

同学们都说，从许宏老师的身上，感受到了什么是真正的大咖。

聂上林：许老师，您将自己的一生都献给了考古事业，您认为，考古为您带来了什么？

许宏：考古的过程中肯定有辛劳、有寂寞、有疲惫、有远离家人的遗憾。我们考古人常常进行多种穿越——穿越城市和乡村，穿越古代和现代，穿越脑力劳动和体力劳动。由于我们长期在野外工作，甚至可以说是一个"地下工作者"。

但是，在我看来，考古给我带来的乐趣和满足感远远超过大家眼中那些负面的东西。与考古的接触中，我发现考古学不是枯燥无味的，正相反，考古学中充满了美。首先是发现之美，也就是人类对于未知事物的好奇心。其次是思辨之美，何为思辨之美？考古人经常把自己形容为"侦探"，我们收集的零散材料，通过缜密的逻辑推理、思辨，尽可能地拼合历史的碎片，接近历史的真相；考古人还是"翻译者"，我们把远古人的语言和文化"翻译"成今天大家都能读懂的语言。

其实，每个人的一生都是苦乐交织的，就看你是否喜欢自己的事业，如果你喜欢，就是苦中有乐，苦中找乐，会很享受这个过程。

我们每个人都会走向死亡，那么，如何过一个有意义的人生？人生的意义是我们自己赋予的。在我看来，人生的幸福感并不在于赚了多少钱、当了多大的官，而是做着自己喜爱的事情，并且干得不错，得到了大家的认可。

所以，最重要的是，你找到了自己热爱的事情，并从中获得了满足感和幸福感，这是人生的意义。我很感谢考古这项事业，让我的内心如此满足、丰盈、安宁。

还有很重要的一点，我认为，我所做的事情已经使我超越了自己有限的生命，当我告别这个世界后，后来的人可以读到我的书，看到我的视频，从前人的文化中汲取一些养分，得到一些收获，这就是我带给这个世界的价值，这些价值延长了我的生命。

在大众的眼中，考古人是日复一日地在荒郊野外遭受日晒雨淋，是年复一年地在泥地里辛劳付出，是艰辛的、枯燥的、寂寞的。但是在考古大家许宏老师的眼中，因为热爱，考古变得有趣，给他带来了幸福和快乐。

"考古为您带来了什么？"这个提问是关于价值观的回忆式提问，许宏老师的回答无疑会给年青一代带来很多的启迪和深思。

人在年少时期最应该做的一件事，便是去找寻自己的热爱，并用自己的一生去追随它。只有这样，才能找到自己人生的终极幸福和生而为人的意义！唯有热爱，才能抵岁月漫长。

我们来看错误的提问方式。

问：您这些年里有怎样的经验可以和我们分享？

答：每个人的人生中都会有高光时刻，也会有低谷时刻。我得到的经验是：谦虚与自信。我们要相信自己可以做到。有了这两个经验，遇到再多的成功与失败也能随机应变。

这个回忆式提问的设计太过于笼统，以至于对话者的回答也难免抽象和说教了一些，并且没有故事作为支撑。所以，请大家在今后的提问中尽量避免这样的提问方式。

总结一下，回忆式提问有一种强大而温柔的力量，带领我们去唤醒生命深处的故事、情感，同时，使我们在这个梳理的过程中自我成长、维护身心健康、获得自我认知的提升和价值观的不断完善。让我们用回忆式提问这把钥匙，开启通向与他人联结、与自我和解、与世界和解的路。

小练习
实践角色扮演——成为时间的探秘者

去采访你身边的人，他可以是你的老师、你的爷爷奶奶或者是你的父母，去探寻他们的人生故事，和他们聊一聊：

- 您当时在学校里最难忘的一件事、最快乐的一件事、最难过的一件事分别是什么？这件事对您后来的人生产生了怎样的影响？

- 您在少年时代有最难忘的朋友吗？你们的故事是怎样的？

- 您在少年时代有最难忘的老师吗？他对您的人生产生了怎样的影响？

希望你成为一个时间的探秘者，和他们一起回到人生的十字路口，倾听他们的故事，获得成长的智慧、勇气和力量。

假设式提问：探索思维边界的钥匙

童年时，我们会在炎炎夏日的夜晚，望着满天繁星，想象着假如自己能飞到那里去，会有怎样的故事发生。少年时，我们会望着堆积如山的作业和试卷，想象着假如有一个机器能帮自己写作业，该有多好！中年时，我们会在夜深人静时反思，假如当初没有为了高薪选择进入大厂打拼，而是选择了自己热爱的事情，那现在的我又会是怎样的光景……

在这一个个的“假如”背后，是我们对于世界的想象，对于未来的创造，对于自己灵魂的考问，它们引导我们到达一个前所未有的新世界，让我们茅塞顿开、眼前一亮。以“假如”开头的这种提问方式就是假设式提问。它不仅仅是一种提问技巧，更是激发我们的想象力、创造力，促进我们深度思考的有效工具。

假设式提问的定义和作用

假设式提问，顾名思义，是将人物角色、时间、场景等进行虚构，然后围绕这个虚构的内容展开对话。它意在引发对话者的思考、激发对话者的情绪，用想象力去激发另一种可能性，探索可能的情况和结果。

假设式提问基于事实，但又脱离事实，是最具创造力的提问。这种提问方式鼓励我们跳出现有的思维边界，设想不同的场景，从而发现新的视角和新的解决方案。它要求我们在"如果……会怎样？"的框架下，构建起思维的试验场，进行创造性思考。

假设式提问是成就新认知的创意头脑风暴。同时，这种提问能够帮助提问者和对话者揭示人或事的真相。

假设式提问的分类与案例

结果假设式提问

这是指提问者抛出一个假定的结果或目标，并以此为起点，与对方展开对话，期望得到更深刻的思考和回答。

小案例

采访联想集团创始人柳传志先生与 CEO 杨元庆先生

2004 年，联想集团宣布收购 IBM 的全球 PC 业务，这一收购行为当时震惊全球，很多看不起中国公司的人将其称为"蛇吞象"行为。他们认为，以联想的财力、实力不足以支撑此次收购，即使完成收购，联想也不会走多远。

面对业界的种种质疑之声，我和报社的另一位同事紧急对联想集团的创始人——被誉为"中国企业教父"的柳传志先生做了专访。

当时，我是一个二十几岁的年轻记者，难免对这次专访感到紧张。柳传志先生坐在我面前，他温和亲切，谈笑风生，将一切娓娓道来，令人如沐春风，减轻了我的紧张情绪，这场专访令我终生难忘。

周璐：柳先生，假如联想现在不收购 IBM 的全球 PC 业务，您认为，会有别的中国公司来收购它吗？如果是那样，又会给联想、给整个 IT 产业带来怎样的冲击？如果本次收购失败，您有没有考虑过会对您本人的名誉带来什么负面影响？

柳传志：联想就是我的孩子，联想的命就是我的命。所以，我所谓的个人名誉，跟联想的前途相比，是不值一提的。这一次，我们只能破釜沉舟，逆水而行。

至于说到有没有别的中国公司来进行收购，我想是会有的，因为 IBM 公司在全球寻找买家。我们必须迎难而上，抓住这次难得的历史机遇，占领市场的制高点。

三个月后，联想集团的收购交易受到了美国政府最严苛的审查，支持派和反对派各执一词，情况胶着，联想处在生死攸关的时刻。

我采访了联想集团的 CEO 杨元庆先生。

周璐：杨先生，您有没有想过，如果本次对 IBM 的 PC 业务收购失败，联想该怎么办？

杨元庆：我现在尽量不做"万一"的假设，但如果真有"万一"的话，联想依然会在国际化的道路上坚定地走下去。

我的这两个假设式提问的设计，都是以联想集团收购失败为前提的，柳传志先生和杨元庆先生都给出了铿锵有力的回答，展示了他们的决心、信心和将个人名誉置之度外的大格局。

时间轴上的假设式提问

即带领对话者回到自己过去的某个时间节点，或是飞跃到未来的某个时间点，提出一种与事实截然不同的设想，询问对话者的反应、态度，以探寻更深层次的思考。

假设回到过去

即"如果……会……"，这种提问方式要求我们设想一个特定的历史节点，然后回到这个历史节点，探索重新选择的可能性和结果。

小案例

采访中国知名考古学家许宏老师

小溪：许宏老师，如果让您回到高三毕业那年，再进行一次高考志愿填报，您还会选择考古专业吗？

许宏：当时我们很多同学都想报考中文系，但如果让我回到十七岁，我还是会选择考古专业。与其成为一名作家，我更愿意成为一名社会学家或者学者，同时我还可以写作，我觉得这样更适合我。这么多年，对于考古的热爱已经流淌在了我的血脉里，不会改变。

以上问题，是小溪同学向许宏老师提出的一个回到从前的假设，让他回到人生的那个十字路口，请他重新做出选择，而许宏老师在经过了认真的思考后所给出的答案无疑是笃定的。

假设来到未来

即"如果……将……"，这种提问方式要求我们穿越时空，对未来进行大胆想象和好奇探索，以获得全新的认知。

小案例

对话中国盲人作曲家代博

在 2023 年的"少年对话大咖"夏令营中，同学们对话了中国盲人作曲家代博。代博老师一袭黑衣，举手投足气度不凡。他思维敏捷、观点独特、用词犀利，让同学们领略到了当代艺术家的风采。

陈龙雨：代博老师，如今人工智能的发展速度如此迅猛，未来会不会有那么一天，机器人将代替人类作曲，出现一大批机器人作曲家？

代博：机器人作曲家与真人作曲家最大的区别就在于创造性。我认为机器人算是一个缝合器，但它们并不具备创造性，只是将前人的东西结合起来。

比如，我们明明知道在下围棋方面，人类很难赢过"阿尔法狗"，那为什么我们还会选择学围棋呢？我想可能是因为学围棋可以修身养性、淡泊明志。作曲也是一样，作曲可能并不只是为了赚钱。所以说机器人可以代替一些工业式的作曲，但那些深层次的、有意义的作曲是不可能被机器人所替代的。

条件假设式提问

即给对话者一个条件，探索他进入这个"假如"的世界中将面对怎样的机会和挑战。

小案例

对话青年学者、《长安诗选》作者韩潇老师

在 2024 年的"少年对话大咖"夏令营中，同学们对话了知名文化学者、《长安诗选》的作者韩潇老师。韩潇老师身着古装，走到大家面前一鞠躬、一抱拳，尽显古典雅士之风。

对话中，韩潇老师风趣幽默、出口成章，让同学们感受到古典诗词并非是暮气沉沉的文字，而是充满了生命力的乐章，仿佛众多大诗人就在眼前，与我们分享着人生的喜怒哀乐、悲欢离合。

陈浩腾：韩潇老师，如果给您一次穿越的机会，您最想回

到历史上的哪个朝代呢？为什么？

韩潇：这个问题比较有趣。我有三个最想去的朝代。第一个朝代，当然就是盛唐开元年间，因为我要回去看看我的"朋友"，去看看李白这个家伙又在长安的哪个酒楼跟人家喝得不醉不归；去看看杜甫今天有没有一顿饱饭吃，如果没有吃饱，我请他吃一顿；去看看王维家的花园和别墅，看看哪一朵花又开了，开得怎么样，顺便让他送我一首诗。我一定要去见见我的这些"好朋友"。

第二个想去的朝代是北宋后期，那里有苏轼，有黄庭坚，有秦观，有周邦彦。当然，我最想见的是苏轼，他既是思想家，又是文学家和政治家，最主要的是，他还是个"大吃货"，他发明了那么多的美食：东坡肉、东坡肘子、东坡羹、东坡鱼……他还特别能吃，一般的饭菜放到他那儿，他都能吃得津津有味。他曾经告诉他的弟弟，如果你把黄豆和某一种山笋放在一起嚼着吃，就能吃出肉的味道。苏东坡后来被贬到了广东惠州，当时那里是非常荒蛮的地方，可他"日啖荔枝三百颗"，快乐地享受着自然的赐予。

后来苏东坡又被贬到了海南，他就吃海鲜，还吃大家都不愿吃的生蚝，他搞一点白酒，把生蚝泡在酒里去腥，然后连酒带肉一起吃掉，非常美味。

苏东坡是一个非常爱生活、会生活的人。所以我会带着我在现实生活当中的一些困惑和疑问去见他，我会问问他如何追寻人生的意义，如何面对事业上的挫折和烦恼。哪怕他不能给我非常好的建议，至少能让我把这些忧愁全部抛在脑后，和他一起痛痛快快地相处一段快乐的时光。

最后，我还想穿越到春秋战国时期，这是一个思想高度开放和包容的时期，我们现在所说的诸子百家，孔子、墨子、老子、孟子、庄子、韩非子，他们的思想都诞生在那个时期。如果回到那个时候，我可能也会大开脑洞，发表一下我对人生、对国家、对世界、对宇宙的一些看法，没准儿我的学生也会把它整理成一本"《韩子》"，我的学说就可以流传后世了嘛。

所以呢，如果让我穿越的话，我最想去的就是这三个朝代。我觉得都很有价值。

浩腾的这个问题，也是很多同学都很好奇的一个问题——"如果给您一次穿越的机会，您最想回到历史上的哪个朝代呢？"这里面隐藏着提问者对于历史的思考和真相的探究，而韩潇老师的回答充满智慧，让人信服。

接下来，齐茁为同学提出了一个很有趣的假设式提问。

齐茁为：韩老师，我了解到您非常喜欢足球。中国有着几千年的足球历史，如果在我们所熟知的这些诗人、词人中选择几个人组成一支足球队，您会选择哪几位呢？

韩潇：一支足球队需要十一个人，人有些多，我可能会选几个有代表性的人。首先，杜甫肯定是其中的一位，他的诗带有非常强烈的批判性，比如《兵车行》和《丽人行》，但同时也很稳重、很大气。这就可以看出他的全局观很强，可以犀利地进攻，也可以沉稳地防守，所以我会选择杜甫这个攻守兼备型的人作为球队的核心和中坚力量。

其次，当然要选李白。球场上特别需要那种灵机一动，创造机会的人，李白就是这种人物。他天马行空的想象，如果转化到球场上，很有可能是一脚妙传，直接洞穿对方的防线，然后让我们进球得分，所以李白很重要。

这支球队中，苏轼也是不可或缺的，因为他的心态很好，不管是遇到多强的对手，他那种强大的心态不至于让我们的精神崩盘。

我还想让一位诗人加入，他就是孟浩然。孟浩然非常适合做守门员。第一，他的心态也很好，领先的时候不得意、不张扬，失败的时候也不沮丧，宠辱不惊，这是守门员的特质。第二，他不怕孤独。球场上，己方的球队全都攻到对方的场地去了，守门员有时候很无聊。孟浩然可喜欢一个人独来独往了，就像他写的诗"人随沙岸向江村，余亦乘舟归鹿门""岩扉松径长寂寥，惟有幽人自来去"，能感受到一个人荡来荡去，心想你们踢你们的吧，我这儿一点事儿都没有。这是特别美好的感觉。

而且在孟浩然的诗中，时间流逝得特别快，这也是他的诗非常独特的一点。比如"夕阳度西岭，群壑倏已暝""山光忽西落，池月渐东上"，都能说明这一点。因此，选择孟浩然当守门员，他就可以时不时地发动一下技能，让本来还剩十分钟的时间，一下子只剩三分钟，一下子中场哨响了，那我们就领先了，比赛就结束了，对吧？

当然这是一种玩笑，通过足球这样一种形式，更多地去了解一些诗人的特点，把他们有趣地演绎到我们的生活当中，这很好玩。

我也特别鼓励你们做一做这种尝试，如果你想要出一张音乐专辑，你会选哪些诗人的哪几首诗作？把哪一首诗当作主打歌曲？用一些创新的方式来解读唐宋诗词，这对于我们了解唐宋诗人和他们作品是很有帮助的。

当齐茁为同学了解了韩潇老师是个足球迷之后，就做了一个非常有趣的条件假设——"如果在我们所熟知的这些诗人、词人中选择几个人组成一支足球队，您会选择哪几位呢？"于是得到了一个非常有想象力的回答，在让人捧腹大笑之余，颇有收获。显然，这是一个很漂亮的条件假设式提问。

反向假设式提问

这种提问是通过对既有事实的反向思考，提出相反的假设情景，往往会让人脑洞大开，得到意想不到的收获。

小案例

迈克尔·法拉第的故事

在物理学的发展史上，人们一直未能找到电和磁的联系，一直把电和磁作为两个并行的课题分别进行研究。直到 1820 年，丹麦物理学家汉斯·克海斯提安·奥斯特（Hans Christian Ørsted）发现了电流的磁效应（任何通有电流的导线，都可以在其周围产生磁场的现象），迈克尔·法拉第提出，如果反过来，磁能否产生电流呢？随后，他进行了长期艰苦的探索，终于成功得出了电磁感应定律。由此发明了人类历史上第一台发电机，把人类带入了一个电气时代，这对人类文明的发展产生了深远的影响。

法拉第的这个反向假设式提问，改写了人类的科技史，加速了人类进入电气时代的步伐，具有划时代的意义。

假设式提问是一个强大的思维工具，通过结果假设式提问、时间轴上的假设式提问、条件假设式提问、反向假设式提问，我们能不断探索思维的边界，更能激发起无尽的想象力和创造力，还能去发现一个全新的世界。如果我们掌握了假设式提问的技巧，就能成为一个具备创新力的人，就能更从容地面对更多来自未来的挑战。

小练习

思维实验室——设计你自己的"如果"世界

• 此刻，你正和同学们一起，积极备战学校某项重要比赛，请你用假设式提问，对你的小伙伴们提一个问题。

• 现在你穿越了时空，来到了大文豪苏东坡的面前，请你用假设式提问，向他提一个问题。

• 假设十年已过，请你对十年后的那个自己提一个问题。

✚ 引用式提问：巧用他山之石的艺术

引用式提问是提问中很常用的一种提问方式，我们常常借用他人的观点和一些经典名句，来表达我们内心的想法和疑问。

记得在中国人民大学学习新闻学的时候，老师常常提醒我们，记者的舌头是藏在后面的。意思是，提问者尽量不要赤裸裸地表达自己的观点，而是要通过有选择性地借用对话者自己的观点和第三方的观点等方式，来表达自己的想法，这样的做法更委婉，也更容易为对话者所接受。

引用式提问的定义

提问者通过直接或间接地引用他人的观点、数据、事实等作为提问的基础，从而提出自己的问题。这种提问方式不仅为问题增加了具体性、权威性和可信度，还能激发对话者的认真思考，促使他进行更深层次的思考和回答。

引用式提问的分类与案例

引用他人观点提问

即引用评论家的观点、经典作品中的名句等提出问题，引发对方对这些内容的讨论，以及对更深层次的问题的探索。

小案例

2005年，联想集团在完成对 IBM 的全球 PC 业务的世纪大收购之后，公布了上一年的财年年报。联想集团的整体营业额比上一年同期下降了3.7%。此外，美国《商业周刊》发文称，IBM 的大客户通用电气公司打算向戴尔公司（联想集团的竞争对手）订购电脑。

这一年，联想集团面临诸多挑战和困难。于是，我在专访联想集团 CEO 杨元庆先生时进行了如下提问：

周璐：杨先生，对于联想刚刚收购了 IBM 的全球 PC 业务这个事实，您的竞争对手惠普公司在中国台湾打出了"连想，都不要想"的广告。言语之间透露的信息不言而喻。对此，您如何作答？

杨元庆：我看他们不但是在想，而且是绞尽脑汁地在想，是想多了。这么做是有违商业道德的，表明他们对联想、对联想的收购害怕了、心虚了。我认为，联想的前途是光明的，道路是曲折的。

周璐：在刚刚公布的联想财报中，联想未能完成三年前的预定战略目标，坊间要求您"下课"的声音也不绝于耳。对此您是否有压力？

杨元庆：压力是有的，但是我还没有到怀疑自己和坚持不下去的时候，我认为此时此刻联想更需要我，我也愿意付出更多。

通过传递外界的质疑，我表述了公众对于联想的担忧，而杨元庆先生的回答则很好地表达了自己的决心和信心，回应了很多负面的声音。

在"少年对话大咖"节目中，很多同学对引用式提问进行了很好的运用。

小案例

陈龙雨：周老师，昨天我和妈妈很激烈地讨论了一个问题——成年人的世界是什么样的？我认为成年人的世界是表里不一的。我想到了自己读过的《小王子》，在小王子的眼中，成年人的世界是乏味的、枯燥的、肮脏的；小王子认为自己的世界是幸福的、快乐的、纯洁的，有想象力的。当时我和妈妈说："我不想长大，我也害怕长大。"虽然我知道我不能逃避成长，但我不想看到自己被社会打磨得没有了棱角的模样。

您怎样看待成年人社会中的这种复杂与多变？这种现象让我觉得很无力，我也不知道自己该如何面对。

周璐：龙雨，你提的这个问题，我觉得非常深刻，这是你经过深思熟虑想到的一个话题。我也在想，成年人的世界和儿童的世界有什么不同？我们应该如何保持一颗童心，让它不被世俗的尘埃所污染？就像你所说的，成年人的世界的确有无聊、无趣、虚伪、冷漠、自私，因为成年人的世界里充斥着利益，正所谓"天下熙熙，皆为利来；天下攘攘，皆为利往"，人性中最丑陋的一面，会在利益的争斗中展露无遗，这是不争的事实。这也是当一些人成熟之后，对这个世界非常失望的原因之一。

听说你很喜欢《城南旧事》这本书，这本书的作者林海音先生曾说过一句话——我写《城南旧事》的目的是让"实际的童年"过去，让"心灵的童年"永存下来。在内心深处，我们应该依然对这个世界怀有一份真诚和善意，怀有一份天真和好奇，这就是"让实际的童年"过去，让"心灵的童年"永存下来的深层含义。

　　就像你所说的，成年人的世界的确有很多让孩子们失望的地方，但是从我这几十年的人生阅历来看，成年人的世界里不仅仅有着无聊、无趣、冷漠、自私，也同样有温暖、善良、真诚、无私的东西。

　　与大家分享一个和俞敏洪老师有关的例子。我个人认为俞敏洪老师是一个很了不起的人，他经常无私地帮助那些素不相识的人。就拿我自己来说，好多年前，我刚刚开始从事青少年阅读教育的研究，想请俞敏洪老师以荐书视频的形式为孩子们推荐一本好书。于是我通过朋友，几经辗转后与他取得了联系。虽然我与俞敏洪老师素未谋面，但他却欣然答应，并很快就将录制好的视频发给了我，这让我非常感动。后来我听说，他不仅仅帮助过像我这样的作者，还资助过很多出身农村、家境贫寒的大学生。

　　在成年人的世界里，我们也会感受到人性的温暖，他们的善良和真诚也会让我们非常感动。我自己出书之后，收到了全国各地很多小朋友和家长的来信，他们经常和我聊自己的烦恼，我也会把自己的人生智慧分享给他们。此外，我也举办了很多场线上的公益讲座、直播等活动，把我的善意、我内心的光和热传递给更多的读者。

　　我给你分享这两个故事，想告诉你的是：成年人的世界依然令人期待，请你不要对成年人的世界失望。我希望你长大以后，也可以善良真诚地对待他人，我相信只要你这么做，就一定会收获到他人对你的善意和真诚。当更多的人这样做时，你们所累积的光和热，就会把这个世界照亮。

陈龙雨同学的这个提问，引用了经典名著《小王子》中的观点，进而说出自己对于成年人的世界的观察、思考和质疑，一切水到渠成。而我通过自己的故事，让他理解成年人的世界也同样有着美好、善良和大爱。如此对人性的探讨无疑是深刻的、有价值的。

引用对话者在著作、论文、演讲中的观点提问

如果你的对话者是某一个领域的专家或大咖，他以往的言论和著作都是引文的重要来源，引用对方的观点更容易引发双方的认知互动。

小案例

在 2024 年"少年对话大咖"夏令营中，一位名叫韦锦瑞的少年在课后对我说："周老师，读了您的《向上生长——给孩子的名人故事》之后，我有很多感悟，很想和您探讨一下。"于是，我们有了一次深度交流。

韦锦瑞：您在书中所写的乔布斯的故事最让我触动。在斯坦福大学 2005 年的毕业典礼上，乔布斯说过"求知若渴，大智若愚"。乔布斯用他的生命告诉我们，人生只有一次，所以无论如何，都请遵循内心的声音，按照自己的意愿，按照自己喜欢的方式，度过这一生。乔布斯那场毕业典礼演讲，至今仍激励着无数的人去改变这个世界。没有人会永垂不朽，但找到自己热爱的事情，并为之持续努力，你总可以活得足够精彩。

读了乔布斯的故事，我的内心非常激动，我想到了自己，我该如何去度过一生？自己喜欢的事，自己感兴趣的事，自己厌恶的事，自己不得不去做的事……我该如何选择，如何平衡？

周璐：锦瑞，谢谢你的坦诚。我认为，要将自己喜欢且擅长的事作为自己的事业，因为这样能够激发无限的热情和创造力，在工作中更好地实现自我价值；要把自己喜欢但不擅长的事当作终身兴趣爱好，不断探索和追求，为生活增添乐趣；而那些不喜欢且不必要的事，则坚决不做。或许有时受形势所迫，不得已要做一些自己不喜欢的事情，但是请永远记住坚守道德底线，一定不要去做自己最厌恶的事情，请始终铭记心中的梦想。

我相信，这样的话，你会轻松摆脱困境，过上自己想要的生活。坚持自己的热爱，听从自己的内心，坚守自己的底线，人的一生将会充满意义，也会收获满满的快乐。这种有意义的快乐，也可以说是人生的终极幸福。

　　韦锦瑞：谢谢您，我还有一个困惑想和您聊聊。您在书中写到没有人愿意和一个粗暴无礼、不会倾听、不懂得尊重别人、完全以自我为中心的人一起工作，哪怕他是个天才。我觉得自己也有这样的问题，有很多想法，又觉得自己很有才华，但常常不知道该如何与他人良好沟通与合作。我该怎么办呢？

　　周璐：锦瑞，人的一生不可能总是单打独斗，当一个人心怀远大梦想时，他应该用强大的洞见能力和领导力，号召伙伴们加入，组成一个团队，共同去实现这个愿望。请记住，团队是由你主动出击而组建的，不是被动地等待别人来找你。如何与他人进行心平气和的、高效的沟通，是我们每个人都必须习得的能力。这种能力可以通过多次练习和实践而获得。

　　"能用众力，则无敌于天下矣；能用众智，则无畏于圣人矣。"希望你能用众力和众智开创属于你的美好未来。

　　韦锦瑞同学通过引用我的书中关于乔布斯的故事，和我展开了关于人生一些重大问题的探讨。这样的探讨，无疑是具有价值的。相信这样的探讨能帮助他走出思想的迷雾，走向光明的未来。

小案例

采访中国盲人作曲家代博

陈龙雨：代老师，您曾说非常认可"上帝为你关上了一扇门，也会为你打开一扇窗"这句话，请问您是怎么理解这句话的呢？

代博：不要把苦难喜剧化，也不要理所当然地把这样的经历当作人生的历练。例如，一个从集中营里出来的人，写出一本巨作，成了知名的文学大师。有人会想，集中营的经历对于他是一种历练，为他增加了丰富的人生阅历。但是话说回来，谁又会愿意进入集中营里，去获得人们所谓的"历练"呢？

就像著名作家余华老师说过的，永远不要相信苦难是值得的，苦难就是苦难，苦难不会带来成功，苦难不值得追求，磨炼意志是因为苦难无法躲开。

事实也是如此，每一个经历过苦难的人都不想要再去经历一遍。就像《平凡的世界》中的孙少平一样，他认为每一个人对待苦难的态度都有所不同。但是如果你能深刻地理解苦难，那么苦难就能成为你思想的基石和前进的力量。

引用数据提问

引用数据之后，抛出自己的观点并提出自己的问题，这是在对话中常用的一种提问手法，需要注意的是，我们要确保所引用数据的真实性和准确性。

小案例

采访《人民日报》社会版原主编、著名教育博主
李智勇老师

艾敏高勒：李老师，全球知名管理咨询公司麦肯锡的研究报告指出，未来将有70%的工作被人工智能所淘汰；此外，英国政府发布的一项最新研究报告显示，白领是最容易受到人工智能冲击的行业，其余影响较大的职业还包括财务经理、会计师、心理学家、采购经理、精算、统计、经济学家、金融投资分析师和律师等。我不免为我们的未来而感到担忧。作为一个媒体人，您认为人类要具备哪些品质才不会被人工智能所替代？

李智勇：这个问题非常好。其实我在 ChatGPT 刚出来的时候，跟 ChatGPT"干过一架"，看谁作文写得好。经过验证我发现，ChatGPT 写的作文，能达到高中一年级学生的水平，这已经很了不起了。

我出的作文题目叫"熬夜"，ChatGPT 写的要点是：

"熬夜是一种为了解决更多的工作而延长工作时长的行为，熬夜确实能够起到增加工作量，从而完成更多任务的作用，然而它的弊端也不少。

"第一，熬夜有损身体健康（这里讲了一些熬夜对身体的

危害）。

"第二，熬夜有损精神健康，你的身体不好了，精神自然就不好了。

"第三，熬夜有损社交，熬夜之后，我们和他人交往就缺乏精气神儿，没人愿意和没有精气神儿的人交往。

"所以，尽管熬夜能够带来短暂的工作效率的提升，或者工作量的增加，但是我们不主张熬夜，我们要尽量避免熬夜。"

大家觉得怎么样呢？我觉得算得上是中规中矩，结构非常清晰，真的不会写作文的人，用这个思路来展开也是不错的。

但我们要作为一个高级的智慧体来审题，这个"夜"一定不能当成真的"夜"来写。

我是这样写的：

"夜是困难之喻，熬是应对之举。熬一熬是应对困难的一种方法。

"在人类的科学史上，有哪些熬过去的时刻？

"第一个故事：20世纪中叶，随着原子弹在广岛和长崎的爆炸，人类首次目睹了核能的恐怖力量。这一事件不仅标志着战争手段的极端化，也让全世界陷入了对核毁灭的恐惧之中。核能的发现本应是人类智慧的结晶，却在一瞬间成为毁灭的代名词。

"面对核威胁，国际社会迅速行动，建立了以联合国为核心的国际安全体系，签订了《不扩散核武器条约》等一系列协议，旨在防止核武器的扩散和滥用。同时，科学家们也将研究方向转向了和平利用核能，如核电站的建设，为人类提供了清洁、高效的能源选择。

"第二个故事：埃隆·马斯克的 SpaceX 公司（美国太空探索技术公司）在早期发展中遭遇了重大挑战，其'猎鹰1号'火箭连续三次发射失败，给公司带来了巨大的压力，公司员工一度绝望。2008年，金融危机的爆发使得情况更加严峻。但是，马斯克没有放弃，他变卖了个人资产，投入全部身家，继续战斗，最终在2008年9月28日，'猎鹰1号'第四次发射成功，为 SpaceX 赢得了一份超过10亿美元的合约，从而挽救了公司。

在人类科技史上的至暗时刻，智者们不言放弃、无畏艰险、保持理性、不断探索、勇敢前行，用智慧和勇气最终走出漫漫长夜，把人类带入了一个更加光明的时代。

熬的本质就是坚韧。当困难巨大，我们无法直接克服的时候，就可以用坚韧的反脆弱性，一点一点地积蓄力量，寻找破题的方案，最终，熬出一个新天地。"

这种写法，人工智能目前还达不到，它为什么达不到？因为它不能对这个"夜"字的内涵做更有人性化的理解。它理解的"夜"就是自然现象的黑夜，理解不出"黑暗如夜"的社会现实和困难，只有人类才能做出这样深入的理解。

　　记忆（数据存储）是人工智能的强项，我们比不过它。但是对信息的分析能力，对情感的理解能力、表现力和共情力，是人工智能所不具备的。

　　人工智能没有在小胡同里长大的经历，没有经受过期中考试的煎熬，没有被老师罚站过。但你有，你的这些经历写在作文里能引发很多人的共鸣，这是我们人类的优势。

　　人工智能还不具备情感的体验和升华的能力，也不具备跨界思维的能力。它必须经过严格设定才能思考，这就是机器思考的弊端。我们目前可以抓住这一点，不要满足于简单的体力劳动，不要满足于机械重复、机械模仿，而要善于创新。

　　我们要在观察人心和理解情感上多下功夫，这样的话，我觉得人类会永远拥有自身的优势。罗振宇先生有一句话就是："机器虽然强大，但是它没有人的情感，就比如说在一片森林里，大家都迷路了，要有一个人领着大家闯出这片森林，你愿意相信机器，还是愿意相信人？"

　　我想一定是选择相信人，为什么呢？因为如果领路人选错了方向，他和你一样都得死，但机器人即便选择错误，也不用承担后果，也就是说机器人不能和人类同甘共苦，这就决定了很多与人性、情感有关的事情，机器无法取代人。

　　所以对于人类是否会被机器所替代这件事，不必过于忧虑，我们只需要去精进那些机器所不能替代的能力，就永远不会被机器所替代。

艾敏高勒同学引用了全球知名管理咨询公司麦肯锡最近公布的数据，进而提出自己的思考，增加了问题的可信度和准确性，而李智勇老师的回答则好似一盏明灯，让孩子们看到了出路和方向。

引用新闻事实或媒体观点提问

这类提问通过引用新闻事实或媒体观点，引导对话者去探寻事件背后的原因或未来趋势，并一起去思考更深层次的解决方案。

小案例

对话北京天文馆副馆长齐锐老师

在 2024 年"少年对话大咖"夏令营中，孩子们走进北京天文馆，与齐锐老师进行了热情的、有趣的对话。齐锐老师建议同学们一定要有宇宙观，这是认知世界的基础。

孙秉辰：SpaceX 公司 CEO 埃隆·马斯克日前在社交媒体上透露，计划在两年内向火星发射约五艘无人星际飞船。若所有飞船全部安全着陆，SpaceX 将可能在四年内进行载人任务。他希望通过研发的星际飞船将人类送往火星，并在那里建立定居点。

您认为人类移民火星这个计划有可能实现吗？如果可能，人类需要哪些关键的技术和资源去实现它呢？如果不可能，宇宙中还有其他适合人类生存的行星吗？

齐锐：我坚信一百年之内人类就会定居火星，注意我用的是"定居"两个字，定居的意思就是不再回地球了。从天文学的角度来说，如果在太阳系里找到另外一个和地球最像的行星，就是火星，再没有第二个星体。

火星和地球最像的一点是什么呢？火星上的一天也是二十四小时。别的星球都不是这样：如果我们去金星，那麻烦了，在金星上，一天好像好几百年那么长；木星也是，木星上的一年等于地球的几十年。火星的自转周期和地球很像，换句话说，火星上的时间节奏和地球上的基本相同，我们不用调节自己的生物钟。

另外，火星上也有春夏秋冬的四季变化，也会刮风、下雪，但它的空气比地球上的稀薄，氧气含量比较低，我们的呼吸会比较困难，这个需要未来的人类去改造，好让火星更适合人类生存。

接下来，最需要解决的问题是能源。地球上有煤炭和石油等资源，但火星上没有，所以现在人类的可控核聚变技术，其实是直接决定了人类能否探索外太空，去其他星球定居的很重要的一项技术。这个技术可以让人类在一个星球上长期拥有可以再生利用的清洁能源，拥有了这些，我们才能在火星定居。

因此，未来我们要解决的技术，一个是航空航天技术本身，这决定能否把人类安全地带到火星，把一些设备带到火星；另一个更重要的就是能源技术。

除了火星，我们未来是不是还可以移民到别的星球？从现在的角度来看，整个太阳系适合人类生存的，除了火星就没有其他。

孙秉辰同学通过引用埃隆·马斯克最近的一个新闻事实，表达了她对于人类移民火星计划的关注，并和齐锐老师一起探讨了移民火星需要的技术和条件，这样的探讨很有前瞻性。

小案例

关于未来创业，每个少年都怀揣着自己的梦想。在与阿里巴巴集团副总裁邢悦女士的对话中，王源铖同学提出了自己在追梦途中的困惑。

王源铖：我最近在媒体上看到这样一个观点：未来中国的创业机会越来越少，如果要创业，自己家庭需要有一定的金钱支撑。您是怎么看待这个问题的？如果未来我想去创业的话，我要怎样做才能找到一个新的赛道，让自己有一个更好的起点？

邢悦：中国快速发展了40多年，现在慢慢进入一个平稳期。我认为在未来，创业机会会有很多。

创业的核心就是找对一个方向，我认为结构性的机会是有的。有一次在一个讨论会上，一位企业家向一个专家提问："现在经济形势这么不好，你有什么看法？"这个专家就指着提问的企业家说："是你不好。"

不是所有的这个行业里的企业都不好，但大部分企业都不好的时候，你就会觉得机会很渺茫。我觉得未来，创业一定还是一个方向，创业时，需要把地球看成是一个地球村，你可以把世界银行的报告拿出来，对未来的经济形势预判一下，如果我们这边的经济增长放缓，哪里的经济增长是高歌猛进的，就可以做一下选择，这是地点的选择。

关于行业选择，考虑给消费者以新供给。新材料学、新能源学、医学、生物学，这些科学对人类未来有比较大的影响，同学们如果有兴趣，可以去深入研究，并在未来基于更大的知识平台去创业。我认为有几个最主要的大赛道——人工智能、航空航天、新能源、新材料、生物和健康，你们可以关注。

通过引用媒体提供的观点，王源铖同学提出了自己的思考和困惑，具有普遍性，而邢悦女士则对所有有创业梦想的少年给出了理性的、建设性的回答。

引用中的智慧和陷阱

作为提问者，一定要对直接引用或间接引用的信息保持高度警惕，要确认自己所引用的是正确的信息，否则会给采访带来极大的障碍。

互联网时代，海量信息泥沙俱下，让人难辨真伪，所以提问者所引用的数据、观点等一定不能来自互联网上的"据说"，而要有确凿的来源，这样才能保证对话的顺利进行。

提问者如何保证自己所引用的数据、事实、观点正确无误呢？

我的经验是一定要找到正确的信息源头，包括：

· 可靠的权威媒体，如国内外有公信力的报刊、通讯社；

· 对话者自己的自传、微信公众号和微博等自媒体平台上的官方账号；

· 所在公司发布的权威信息，如年报等；

· 业内权威评论家的一手观点。

提问者需具有一双孙悟空那样的"火眼金睛"，识别和判断信息的真伪，评估信息的价值，这也是提问者所需要掌握的基本功。

我曾经见过一些记者引用了对话者的某个观点后提出问题，对话者却说："我没有说过这样的话，你从哪里查到的？"这就让场面非常尴尬，也让对话很难进行下去。

在引用之后，提问者要提出自己的核心问题，否则对话者会一头雾水，不知所云。

我们常常会看到这样的场景，在某个论坛上，听众在提问时说了两三分钟，最后，对话者一脸疑惑地说："你想问的问题到底是什么？我不太明白。"

所以，问题的简洁性和集中性非常重要，最好的方式是，用一个短句简明扼要地提出自己的问题。

总结一下，引用式提问，是通过引用他人观点——对话者在著作、论文、演讲等中的观点以及来源权威的数据、新闻事实或媒体观点来提出自己的问题。这能够增强提问的说服力，启发对话者的思考，促进双方的交流。

引用式提问，不仅仅是一种提问技巧，还是一种加深彼此联结、激发思想火花的有效方式。这种提问方式巧用他山之石，敲开对话者的心扉，引导对话走向思想的深处，并采集耀眼的智慧火花。

需要注意的是，所引用的数据、事实和故事的可靠性和真实性应该在提问前得到确认。

引用式提问是一种较为简单易学的提问方式，便于帮助人们打开思想的闸门，引发更多的思考，值得我们在实践中去学习和掌握。

小练习

创意工作坊——用引用的方式构建新问题

• 假如现在站在你面前的是小米科技有限责任公司的创始人雷军，请你在查阅有关该公司的最新财报数据之后，用引用式提问的方式，对雷军先生提一个问题。

• 假如你是一个中国小记者，来到了联合国总部，请就你所关心的国际事件，对联合国发言人提一个问题。

• 请你用引用式提问，就同学们普遍关心的事情，对你们的校长提一个问题。

✚ 场景式提问：探秘背后的故事

如果说提问是一把钥匙，能打开对话者思考的门、回忆的门、情绪的门，那么，场景式提问就是一把特别的钥匙，可以迅速在现场被打造出来，以最巧妙的"四两拨千斤"的方式打开对话者的心门，产生意想不到的效果。

场景式提问的定义

即提问者来到或构建一个具体的、生动的、充满想象的空间，将问题带入其中，并引导对话者来到这个场景，从而帮助对话者更加具体地理解问题的本质，激发其进行深层次思考的一种提问方式。

这种提问方式规避了传统提问方式容易流于抽象、笼统的缺点，通过一个具体的场景，让问题变得生动而富有人情味，更易触动人心，也更容易引发对话者的共鸣。

场景式提问的方法

以场景触动内心

当提问者来到了对话者工作和生活的地方后，氛围立刻变得不一样起来，提问者要主动从这个场景和氛围中发现一些细节、一些线索，要知道这里的一草一木，都可能引发对话者的诸多感受。

对话者的工作和生活场景中，往往蕴含着他多年的人生故事、生活的点点滴滴，以及他的态度。

所以，当我们来到这样的场景时，要注意观察、处处留心，从中发现新的对话线索，而这样的线索往往能激发对话者的兴趣，钩沉出一段隐藏于对话者内心的往事、心路历程。

小案例

2008 年，我去专访一位知名的老企业家华鹏（化名）。他白手起家，在自己的领域辛勤耕耘 30 年后，终成大业。在这次专访之前，我做足了功课，读了他的人物传记、媒体关于他的所有报道，还和该领域的很多资深人士聊过他，然后做了一份详细的采访提纲。

面对这样一位大人物、一位长者，我一直在思考，我们的谈话从哪里切入会更好？当我来到华鹏先生的办公室时，他的助理告诉我，三十年来他一直在这间办公室里工作。所以，我决定我们的对话就从这间办公室开始。

　　周璐：华鹏先生您好，听您的助理说，您在这间办公室里办公已经有三十个年头。现在，窗外早已斗转星移、物是人非，那么，今天上午，当您又坐在这扇窗前时，回首自己的这三十年，最让您难忘的是什么？

　　华鹏：让我最难忘的是，无论窗外的景色如何变化，寒来暑往、冬去春来，每天早晨7点，我一定准时坐在我的书桌前，坐在这扇窗前，开始我每天一个小时的晨读，然后再开始我的工作。当然，我出差的日子除外。

　　周璐：这些年来，这个时间表，您从未改变吗？

　　华鹏：是的。

　　"不经一番寒彻骨，怎得梅花扑鼻香"，我们常用这句话来形容十年寒窗的苦读学子，但这句话也同样适用于企业家们。坚持、自律、勤勉、不断学习和提升自我，在华鹏先生的时间表里，我找到了对企业家精神的最佳注解。

　　虽然在本次专访前，我准备了详细而丰富的采访提纲，但当我来到华鹏先生的办公室，走到窗前时，感触良多，于是临时决定，就从这扇窗开始我的提问。

能够迅速抓取场景中的敏感信息，快速整合成问题，这是作为提问者需要掌握的重要能力。

对话的场景和提问者看似没有什么关系，却又蕴含着关联性。对话者的职业场景和生活场景，或者是两种场景的交融，会带给提问者很多新的灵感，而由此引发的问题，将会起到令人意想不到地打动人心的效果。

小案例

采访北京古观象台台长齐锐老师

当孩子们参观北京古观象台时，面对着千姿百态的中国古代观象仪，他们都异常感兴趣，曾振毅同学对北京古观象台台长齐锐老师提了这样一个问题：

曾振毅：齐老师，北京古观象台里众多的中国古代天文仪器，令我们惊叹不已。您能不能和我们分享一下您与某台天文仪器之间的故事呢？

齐锐：二十年前，我见到这些古天文仪器时，这些仪器已经三百多岁了，比我爷爷的年纪大得多得多。我很想听它们跟我讲一些古老的故事。但是，我还没有表示对它们的尊敬，它们凭什么要给我讲故事呢？

当时北京的环境污染和工业污染比较严重，而这些仪器都是青铜铸造的，如果遭到污染，仪器会被腐蚀。于是，每个周末我都会买上一大桶蒸馏水，拎到古观象台，用蒸馏水来清洗这些古天文仪器，尽量把浮尘和污染物清理干净。因为这些是文物，我不敢使劲擦，就只好用蒸馏水浇，就这么一桶一桶地浇，我干了大概有一年，终于找到了入门的研究方向。

我发现一台叫天球仪的仪器，那个大球上有上千颗"恒星"，这些"恒星"都有名称，并且有星座的连线。我发现，这些星座以及它们的连线和我在别的书上看到的不一样。我就思考它们为什么会不一样。通过研究，我发现中国古代的星座名称和连线曾经发生过变化。这些仪器是清代的，而我曾经看过的很多天文书是宋代的，从宋代到清代这几百年中发生了重要的变化。

这些变化是因为明朝末年西方传教士来到了中国，他们把西方天文学带到了中国，于是由他们监造的这批仪器里就融入了西方天文学的内容，自然和中国传统星座不一样了。这里就是一个契机，我由此开始了对中国古代星座的研究。

我用八年时间研究中国古代星座，写出了《漫步中国星空》这本书，十年来，这本书一直都很畅销。

我想说的是，任何人或事，都需要我们去和其接触，对其表示尊重，在这个基础上，才会发现其真实的一面，才能从中发现平凡的人或事背后深刻的道理。

我分享自己的故事是想告诉大家，希望你们将来无论是做人还是做事，一定要脚踏实地，先对人或者对事表示尊敬，然后才可能取得一点点成就。

在参观北京古观象台的过程中，有同学想到这些古观象仪器和齐锐老师本人是否有关联、有故事，于是提出了一个精彩的问题。而齐锐老师的回答生动有趣，充满哲理，发人深省。

营造场景，激发好奇心

提问者用想象的方式，营造出一个特定场景或情境，构建出一个具体而生动的画面，结合环境、人物情绪、人物关系等，引导对话者置身其中，从而促使其多维度、多角度地思考问题。这种提问方式旨在通过情境的代入感，增强问题的吸引力和有效性，促进彼此达成更深层次的交流与理解。

小案例

关于未来的提问

我曾在课堂上带着孩子们做过这样一个提问游戏："现在，让我们闭上眼睛，穿过时空隧道，来到十年以后，当我们睁开眼睛时，看到的是那个十年后的自己，或许在某个大学深造，或许在世界的某个角落游历，或许在某个大厂里日夜打拼。面对彼时的自己，你的脸上是惊奇、喜悦还是迷惑？你想对十年后的那个自己提一个怎样的问题？"

同学们很踊跃地提问。

有同学问："请问，今天的你是否已经实现了自己当年的梦想？或者，你是否早已忘记了自己的梦想，在做着自己并不喜欢的事情？"

有同学问："今天的你，活成了当年自己喜欢的模样还是自己讨厌的模样？这一切是如何发生的？"

有同学问："你还记得当年和你一起笑一起闹、最要好的小伙伴吗？如今他们身在何方？你们还牵挂着彼此吗？"

同学们对于十年后的自己，是如此好奇，充满了期待，在他们的内心深处，都希望自己能够不忘初心，从容前行，成为那个梦想中的自己。所以，这个营造出来的梦幻场景，让他们沉浸其中，有话要讲。

小案例

对话中国知名考古学家许宏老师

在与考古学家许宏老师的对话中，有位同学曾提出这样一个问题：

小溪：许宏老师，假如时光倒流，我们和您一起来到了河南洛阳的二里头遗址，您作为一个考古人，在那里是如何度过自己的一天的？

许宏：我认为大家对考古人的生活融进了许多想象，这些想象大多都来自于电影。其实我们的日常生活都是默默无闻、踏踏实实、非常艰苦的。由于我们大部分时间都在农村或边疆地区工作，有时甚至两周都洗不上一次澡，这才是我们工作的真实状态。但只有耐得住寂寞，守得住辛苦，而自己又觉得这是一件值得做的事情时，你才能将这件事做下去。

在我看来，考古有两大美：第一种是发现之美，第二种是思辨之美。我更看重第二种，也就是运用逻辑分析推理，甚至加入一点自己的想象力，才能最大程度地接近历史的真实。这可能也是考古被称为文科中的理工科的原因吧，考古其实是一门综合性的学科。

　　以上两个案例，都是提问者营造了一个特定的场景，把对话者带入其中，从而激发他们的想象力和深度思考。由此看来，场景式提问的魅力在于：

　　引发对话双方的共鸣。在特定的场景里，当提问触及人们内心的情感或经历时，更容易引发共鸣，促进彼此进行更加深入的、真诚的交流。

　　增强代入感。通过身临其境或构建具体场景，让对话者的感受更加真切，从而更加真实地体验和思考。

　　激发想象力。在特定场景下，提问者的想象力往往会被充分激发，产生更多新颖的、独特的想法。

　　所以，只要你能来到现场、发现更多的细节，或者是构建一个场景，运用场景式提问，往往能收获更多的故事、感受到更多的情感。

　　总之，场景式提问是一种很有创意的提问方式。通过以场景触动对话者的内心，或营造场景、启发想象，不仅丰富了我们的沟通策略，还加深了我们与对话者的联结，激发了对话者的想象力、创造力等。

　　场景式提问的方式像一面镜子，映照出我们内心深处的担忧与期待，又像一条无形的纽带，联结起过去、现在

与未来，让人们在思考中前行，在交流中成长。让我们更
多地运用场景式提问，使每一次对话都变成一场有趣、有
益、有深度的心灵之旅。

小练习

家庭任务——"现场寻宝"挑战

　　在你家，这个你自认为万分熟悉的环境里，其实隐藏着
很多秘密。例如，你父亲在学生时代的一张老照片、你祖父
母留下的一枚勋章、你母亲珍藏多年的一双舞鞋……这些秘
密也是一份份独特的"宝藏"，它们的背后有着怎样动人的
故事？

　　现在，请你开始"寻宝"吧！找到它们后，请和你的长
辈们开启一段关于往事的对话，你将了解到，你的长辈，曾
有着怎样动人的青春和值得骄傲的往事！

✚ 共情式提问：有温度的联结

在这个高压力、快节奏的时代，人与人之间的联结变得既近又远。我们常常在社交媒体上分享生活的点滴，却难以触及现实里彼此真实的内心世界。我们常常感叹，为何别人不能理解我呢？为何我猜不透他内心的真实想法呢？

而共情式提问，就像一双温柔的手，在我们说出了"我理解你""这样的事情我也经历过""我明白你的难处和不容易"这样的话之后，就能够轻轻叩开彼此的心门，促进彼此进行更深层次的理解和沟通。

共情式提问的定义

共情式提问，是一种以理解对方感受和体验为出发点的提问方式。是在感同身受、深刻理解对方的前提下提出问题，也是在对对话者的情绪、处境深刻理解和共鸣的基础之上提出问题。

它超越了简单的对话，旨在深入对方的内心世界，感受其情绪、需求和期待。这种提问方式要求提问者暂时放下自己的立场和偏见，全身心地倾听对方的故事，用开放、接纳的态度，带着同理心去提问，从而激发对话者更多真切、深刻的表达，引导他分享内心真实的感受和故事。

如果说提问是在双方的心灵之间架起一座桥梁，那么共情式提问则是这座桥梁上最有温度的一块石板。它不仅仅是一种提问方式，更是一种深刻理解和尊重他人的沟通的艺术。

共情式提问的分类与案例

对一个人最好的理解，就是感同身受。

如何做到感同身受？一个最简单的方法就是换位思考，即站到对方的角度和立场上，试着把你变成他，想象一下，如果你面临着和他一样的处境，面临着和他一样的成功、一样的失败，一样的两难境地，你会怎么办？这样你就会更加理解他的判断和选择。

共情不是同情，同情是站在对面，共情是站在同一角度。作为一个提问者，要善解人意，要"有动于衷"，要最快地跟对话者产生共同的感受、共同的感情，进入"互相激发"和"互相共鸣"的状态。这能帮助你在对话中更快地进入角色，找到感觉，找到双方同频共振的节奏。

我还是一个年轻记者的时候，由于阅历浅薄，面对我所采访的大人物，我很难做到共情，因为我对他所讲述的一切缺乏真切的理解。随着年龄的增长、阅历的增多，尤其是我成为一名母亲后，对于人生、事业、家庭等问题有着更加深刻的认知和理解，我就更能理解对话者，能与对话者产生共鸣，因此也更有能力提出一些与之共情的问题。

情感共鸣类共情式提问

即分享自己的情感，引发对话者的共鸣。

小案例

"心灵对话"的力量

林静（化名）老师是中国知名的学者，2014 年，我在北大经济学院专访了她。林静老师衣着朴素、笑容真挚，就中国经济的发展趋势、企业管理热点等问题与我进行了认真的探讨。

在采访快要接近尾声的时候，我问了她这样一个问题：

周璐：老师，我也是一位职场女性，常常加班和出差，所以我常常会因为没有更多的时间去陪伴女儿感到有些愧疚。您肯定比我更忙碌，那么，对于您的孩子，您是否有着同样的感受呢？

林静：关于这一点，咱们很有同感。作为一个妈妈，尤其是一个职场妈妈，总觉得自己分身乏术，留给女儿的时间太少了。因此这些年来，我对女儿一直抱有愧疚之情。

周璐：但是，我女儿对我说："妈妈，我真喜欢你聊起自己梦想时的样子，眼里闪耀着光芒，我喜欢你写作时忘我的样子，仿佛一朵火花燃烧着自己，我希望，我也能成为你那样的女性。"所以，作为母亲，我们的不断成长与自我提升，就是给孩子最好的榜样。

林静：你说得对，这也是我们作为母亲，带给孩子最大的成长价值。

如果我们能够始终保持追梦人的状态，如果我们能够努力让自己成为孩子发自内心认可的人，成为他们敬佩的人，那么，孩子也一定会像我们那样，向着光亮不断奔跑。

从这个案例中，我们可以看到，共情式提问其实并不需要复杂的技巧，需要的是与对话者分享自己人生故事中的真情实感，对方往往能回报以最大程度的真诚，从而实现双方内心的同频共振，让对话走向高潮。

故事类共情式提问

即分享自己的故事和生命感悟，引发对话者的认同。

小案例

2023年1月，冬日的北京寒风凛冽，陈龙雨同学和他的母亲专程从江苏淮安赶来采访我。在香气四溢的咖啡馆里，我们谈论了很多话题，都觉得非常温暖。其中，陈龙雨同学向我提过一个关于生与死的问题，引发了我的深度思考。

陈龙雨：周老师，请问芸舟姐姐喜不喜欢养小动物？我之前养了一只小猫，它叫小满。有一次它生病了，要花很多钱医治。当时我的妈妈有些犹豫，我心里感到很难过，因为我知道妈妈很可能不给它花钱治病。但每个生命都值得被尊重，我想到了以前看过的一句话——所有生命都值得被温柔以待。我就请求妈妈一定要给小满治病，后来妈妈同意了我的请求，请医生治好了小满。这一次的经历让我对生命有了不同的看法，也让我感受到了人与人、人与动物之间的感情。其实生活中还有很多这种与生命相关的话题，比如与亲人的永别等，您是怎样看待生与死这个话题的呢？这可能是一个沉重的话题。

周璐：首先回答你的第一个问题。我的女儿芸舟也很喜欢小动物，她曾养过一只小狗。但后来因为她的学习太忙，我的工作也很忙，实在没有时间照顾小狗，我们就把小狗送人了。

另外，关于生与死，这两天我也在思考这个问题。刚刚过去的 12 月，是我人生中最黑暗的一个十二月，我的父亲因为肺部严重感染，生命危在旦夕。在好朋友的帮助下，我把父亲送进了医院，经过一段时间的治疗，他终于康复了。这段经历，让我对生命产生了更深刻的思考，我想跟你分享一下我的感受。

我想，人活着，不仅仅是生理意义上的活着，不仅仅是让我们的心脏跳动，还为了我们的身体能够"呼吸"。因而我们要更注重精神层面的价值，我们只要在这个世界上活一天，就要开心地笑，认真地生活，去快乐地体验这多彩的生命，执着地追逐我们的梦想。更重要的是，人活着，还应该像蜡烛一样燃烧自己、照亮别人。

当有一天要离开这个世界时，我希望自己像雪花一样干净、悄然无声地回落大地。孩子，死亡的话题对你确实有点沉重。没关系，我们每个人都应该坦然面对死亡。有一天，我的身体会化为无形，但是我的灵魂、我的思想将藏在我写过的一本本书里，藏在我写过的字里行间，我也将以这个形式，在这个世界继续存在下去，并且点亮更多的灵魂。我想这就是我来到这个世间的意义。

在经历过生死的考验后，对于生命的意义，我们有了更深刻的理解和认知，有了更多相同的感悟。所以，陈龙雨同学的这个提问，是一个非常精彩的共情式提问。

采访结束后，陈龙雨拿出了一把吉他，为我唱了一首温暖动人的歌。他说，这首歌是献给我的，那一刻，我热泪盈眶，不能自已。我感到，自己做了一件多么了不起的事情。

回忆类共情式提问

即通过回忆自己过往的一些生命体验和感悟，并提出问题，引发对话双方的共振，进而探讨解决方案。

小案例

我的女儿读初三时，对我说，感觉自己每天被书山题海包围，被考试和排名追逐，因此很苦闷、很压抑，一点都不快乐。她问我，你以前有没有这样的经历，你是如何摆脱这种低落的情绪的？

我是这样回复的：

女儿，我读初三时，也像你一样，每天被七八门功课"轰炸"，被堆积如山的书本和卷子淹没。对于你内心的苦闷和烦躁，我感同身受。

但是，我有一个纾解自己情绪的小方法，那就是在一些碎片化的时间里，为自己找到一些小小的欢乐。例如，我常常在清晨被美丽的晨曦惊艳；在午餐时，被学校广播站里播放的歌曲感动得热泪盈眶；在课间，被同学的一句玩笑话逗得笑弯了腰。

多年以后，当我回忆自己的中学时光时，所有的艰辛都如同潮水一般褪去，记忆的沙滩上只剩下那些珍贵难忘的片段。

所以，我建议你也可以多留心一下，为自己找到一些小小的"happy time"、一些小小的闪亮时刻。它们会让你觉得日子不再那么难熬，而是充满了美好，更会让你的心情变得快乐。

人，要学会苦中作乐，这是很重要的一项生存能力。现在的你，可以听一首喜欢的歌、画一幅画或者和同学讲讲"八卦"，来缓解学习的压力。如果生活本身没有带给我们快乐，那么，我们就要学会自己去创造快乐。

你们看，女儿对于自己"初三危机"的提问引发了我的回忆，首先，我表示了理解、尊重和共情，进而讲了自己学生时代遇到挑战的故事和应对方法，给女儿提出了合理化的建议。这样的做法，显然比传统的说教更容易被孩子所接受，同时也增进了我和女儿之间的相互理解、信任和尊重。

爱孩子，不是我们从自己角度出发的"为你好"，而是共情，是理解他、信任他、尊重他，是去成为孩子的"成长合伙人"。

深度探索类共情式提问

即谈起双方都喜欢的人或事，引发对话者的深度共鸣，然后展开更深层次的探索。

小案例

对话青年学者、《长安诗选》作者韩潇老师

韩潇老师是北大的中文系博士，研究方向为魏晋南北朝文学、唐宋文学。除了《长安诗选》，还著有《天阶歧途》《盛世逆旅》等。

小溪：韩潇老师，我了解到您非常喜爱苏东坡，我也是苏东坡的粉丝，喜欢他的"竹杖芒鞋轻胜马，谁怕？一蓑烟雨任平生"；喜欢他的"但愿人长久，千里共婵娟"。总之，我喜欢

他的乐观豁达和恣意洒脱的人生态度。

我想和您探讨一下，苏东坡一生屡屡受挫、不断被贬，但他并没有自暴自弃，总是重新开始追寻自我。您认为，他是如何一次次从低谷中站起来的呢？

我们青少年常常会因为考试成绩不理想而心情低落，我们能从苏东坡的身上汲取到什么呢？

韩潇：的确，我也是苏东坡的"铁粉"。苏东坡的一生真的是历尽坎坷。就像他自己写的那样："问汝平生功业，黄州惠州儋州。"他一生中遭遇了三次大的贬谪，第一次是"乌台诗案"后，他被贬到了黄州；第二次是他晚年的时候，新党上台，又把他贬到了惠州；第三次则是他到了惠州之后，又继续写诗、写文章去批评政敌，所以"不合时宜"的他又被贬到了最远的海南儋州。

到了海南儋州之后，虽然生活条件异常艰苦，但他没有怨天尤人，而是给当地老百姓办了很多实事，这是非常有价值的。今天的海南，环境非常优美，是有名的度假胜地，海南自由贸易港建设也已经基本成形，发展前景一片光明。但在苏东坡的那个时代，海南是蛮荒之地。这个蛮荒，体现在两个方面：第一是地荒，老百姓不会耕种，虽然这里有充足的水源和日照，但基本上没有像样的粮食丰收；第二就是蛮，即没有文化。当地的人不识字，不读书。科举制度始于隋代，盛于唐代，在隋、唐两代的历史中，海南却连一个考中举人或进士的人都没有，被认为是上天抛弃的地方。

苏东坡来这儿之后，首先把中原先进的农耕技术带到了海南，帮助当地发展农业，改善生活，解决了地荒的问题。另外，他还在这里兴建学堂，并亲自选拔和教育那些他认为值得培养的人才。一个叫姜唐佐的青年人，就在苏东坡的鼓舞和培养之下，成了海南历史上第一个举人。

苏东坡立足于海南的实际情况，做了一系列实事，解决了海南的蛮和荒的问题，海南得到了发展，这里的百姓也看到了生活的前景和希望。

范仲淹说，一个合格的读书人应"居庙堂之高则忧其民，处江湖之远则忧其君"。苏轼给这句话增添了一层意思——"居庙堂之高则忧其君，处江湖之远亦忧其民"。意思是说在朝廷里身处高位应该关心国家安危，处在偏远的江湖间更应该脚踏实地地为身边的老百姓做一些事情。

我想苏东坡的故事给年轻人很多的启迪和鼓舞。我们或许会在考试中失利，或许会在生活中遇到一些困难，甚至面对较大的挫折，但是这个时候，请你千万不要自暴自弃。

不要因为某次考试考得不好，就开始担忧以后中考考不上好的高中怎么办，考不上好的大学，以后找不到好的工作怎么办。大家不要考虑那么远的问题！要先脚踏实地地把眼前的事情做好，认真分析一下，这一次考试失利的原因出在哪里，这一段时间学习状态哪里不对。我们把眼前一个个小问题都解决掉，慢慢地，就会走上一条向上的道路，进入自己的理想天地。这是苏东坡的经历带给我们的启示。

　　小溪同学在对话前做了"功课"，了解到了对话者的一些兴趣、喜好和人生观、价值观，找到自己和他的共同点，并以此为起点，开启了一段充满共鸣的精神探索之旅。这样的提问设计值得同学们学习和借鉴。

共情式提问的温度：理解与设身处地

　　共情式提问的核心在于"共情"二字。共情，是指能够设身处地理解他人，并体验他人的内心世界。

　　人有三种认知：了解事，了解自己，了解他人。能了解他人则有同理心。同理心的建立是一个人主动感知他人与外界的过程，在这个过程中人们拥有了同理心，就意味着拥有了进入他人的内心世界、建立共同感受的可能。

　　共情式提问，是一种高情商的提问方式，它要求提问者放下自我，用心去倾听和理解对方。无论是在学习中、工作中，还是家庭中，乃至更广泛的与人沟通中，用共情式提问的方式都能帮助我们建立更加和谐深入的人际关系。

　　共情式提问不仅是一种沟通技巧，更是一种生活态度，它让我们在繁忙与喧嚣中找到联结彼此的桥梁。通过情感共鸣、故事共鸣、回忆共鸣和深度探索共鸣这四类提问，我们能够更好地理解他人，也让自己在交流中不断成长和进步。

　　让我们在日常生活中，对父母、对孩子、对朋友、对陌生人都多一份耐心，多使用"我理解你""我感同身受""我明白你的难处"这样的句子，多一份倾听，用共情式提问与身边人开启更多心灵的对话，点亮彼此的心灵，达成相互的理解、谅解与和解。

小练习
家庭情感交流会——"我听你说"的练习

　　如何与青春期的孩子进行心平气和的有效沟通，是值得很多父母学习的事情。我的建议是，两代人之间试着用共情式提问的方式进行沟通和交流，让彼此打开心扉。

　　选择一个周末，父母任意一方和孩子进行一次户外散步或短途旅行。在此过程中，请听听对方最近的烦心事，做一个认真的倾听者，然后站在对方的角度，与他共鸣，并给出自己的合理化建议；然后彼此交换讲述者与倾听者的身份，试着去设身处地、彼此理解。多练习几次，相信你们两代人之间一定能找到彼此的共同点，实现情感的共鸣与共振。

✚ "最"字式提问：蕴含丰富的人生

我们在与人沟通中常常用到一个"最"字，例如"你最喜欢的是……""你最难忘的是……""你最讨厌的是……"，当别人向我们提这类问题时，我们往往会停下手中的工作，眨着眼睛，努力去回忆自己过往岁月里的那些精彩片段、难忘时刻，然后缓缓开启一段讲述："从前……"

"最"字就像一个钓鱼钩，勾起了我们对往事的回忆；也像一个提词器，引导我们去展望无限的未来。

"最"字式提问，是激发创造力、促进深度思考的强大工具。

"最"字式提问的定义与意义

"最"字式提问，是以"最"字开头的提问方式，这类问题通过设定一个包含"最"字的标准，引导对话者从众多选项中筛选出那个独一无二、刻骨铭心的选项。

它拓展了人们的认知边界，鼓励提问者去追寻那些能够触动心灵、引发深思的故事和答案。"最"字式提问能够迅速聚焦注意力，激发探索欲，促使人们跳出常规思维框架，寻找那些超越平凡、触及本质的答案。

记得我在中国人民大学新闻系读书时，看过张征老师的《新闻采访教程》，她在书中剖析了"最"字式提问的探知作用："最"字式提问是为了挖掘对方记忆中最深的故事和深层次的想法。这类故事和想法往往闪耀着光辉。

例如，受访者在回首自己的人生故事、讲述自己的人生信念时，你可以提的问题有："对您而言，最重要的人生事件是什么？""您所遇到的最大挫折是什么？""您一生中最重要的决定是什么？"……

"最"字式提问很适合用于对话。好的问题能带领对话者进入自己的回忆通道，回首自己的人生，提炼出很多金句式的总结，这将是提问者得到的最宝贵的收获。

"最"字式提问的分类与案例

对于以"最"为核心词的提问，提问者从不同角度、以不同方式来提出，会产生不同的效果。

引导式"最"字提问

即给对话者提供一些事实和思路，引导他总结出自己生命中的"最"字。

小案例

陈帆是我的小学同学，他在高考中未能考上重点大学，进入了重庆市一所普通高校读书。毕业后，他勇闯非洲，以自己的勇气、智慧、胆略和汗水，用二十多年的时间，在非洲大地创造了一个庞大的轮胎王国，所生产的轮胎占到了非洲市场份额的 50% 以上。

三十年后，当我再见到陈帆时，问了他这样一个问题：

周璐：在走过千山万水之后，你至今见过的最美丽的风景是什么？是故乡山城的夜景，还是非洲大陆上的草原、奔腾的羚羊，抑或是乞力马扎罗山？

陈帆：童年和少年时代，故乡山城的夜景在我的眼中是最令人心旷神怡的景色；刚刚踏上非洲大陆时，从那些川流不息的摩托车中，我找到了巨大的商机，并且从中挖到了人生的第一桶金，所以非洲的大街小巷里的摩托车车流，是我眼中最灿烂的风景；而当阅尽千帆之后，乞力马扎罗山上的雪是我最神往的风景，我希望有朝一日能登上这座山、征服它，感受它的

巍峨与壮丽。

"最"字后面并没有一个固定的答案。在人生的不同阶段，我们对于同一个问题有着不同的认知。同样地，在不同人的眼中，对同一个问题都有着不同的理解与感受。

因此，我们需要学会尊重人生的多元性和变化，用更加全面和深入的视角去理解和感受这个世界，用开放和包容的心态去面对人生不一样的风景。

想象式"最"字提问

即运用大胆的现象，去探索未知的世界和谜一样的未来。这样的提问方式，符合孩子们的天性，是他们最擅长的提问方式。

在"少年对话大咖"节目中，有很多充满想象的、精彩的"最"字式提问。

小案例

北京天文馆副馆长齐锐老师，是清华大学人工智能专业的博士。张景皓同学给他提了这样一个问题：

张景皓：当今，人工智能技术被越来越广泛地应用于实际

生活中，假如人工智能真的超越人类，甚至是取代人类的那一天到来，我们和人工智能和平相处的最聪明的做法是什么？

齐锐：我们能做的，就是对人工智能充分地表达善意、尊重、爱、平等，只有这样，它们才会对我们表示善意。我们只是担心、害怕、恐惧它们是不行的。宇宙能发展到今天，是因为有爱。如果我们对待人工智能的态度很狂妄，未来，它们可能会对我们这个星球造成严重威胁。

只有那些有爱、有善意的人，才能在未来与人工智能和平相处。

如果人类让人工智能去做人类自己都不愿意做的事情，或许它们将来就会用同样的方法来对待我们。

这个问题其实是假设式提问和"最"字式提问的综合运用，基于对未来的想象和担忧，提问者期望能找到一个与人工智能和平相处的理想的解决方案。齐锐老师的回答无疑是具有前瞻性的。张景皓同学把两种提问方式融合运用，展现了他的独特思考，值得我们去学习和借鉴。

比较式"最"字提问

即通过对比不同的事物，寻求极致解答，这要求对话者在全面考虑各种要素之后，做出一个综合判断，给出一个"最"字答案。

小案例

对话青年学者、《长安诗选》作者韩潇

小溪：历史上的优秀诗人灿若星河，对于李白，我最喜欢他的"大鹏一日同风起，扶摇直上九万里"；对于苏轼，我最喜欢他的"谁怕？一蓑烟雨任平生"；对于陆游，我最喜欢他的"纸上得来终觉浅，绝知此事要躬行"。那么，您最喜爱的古诗句是哪一句呢？

韩潇：我最喜欢的古诗句是唐代诗人张若虚《春江花月夜》里的那句"人生代代无穷已，江月年年望相似"。我个人觉得这两句诗在中国古代所有的诗歌中，真正达到了最高的水平。

绝大多数中国古代诗人写诗是为了表达一种忧愁，这个"愁"字里有国破家亡，有怀才不遇，有婚姻爱情的失落等，所有的忧愁当中，最大的、最根源性的、最不可解决的一种是什么？是生命的有限和短暂。

一个人即便怀才不遇，也可以另投明主，或者等待机遇；一个人即便爱情受挫，但正所谓"天涯何处无芳草"，这世间总有更值得你去爱的人在等待着你；即便是国恨家仇、国破家亡之时，我们至少可以为之奋斗，可以把复兴国家、重振河山作为人生奋斗的一个目标。唯独死亡，是无解的。人终归于沉寂。"后之视今，亦犹今之视昔，悲夫！"这是人生在世最根源

性的矛盾。我们从出生的那一刻起，就在向死亡迈进。这就是中国古代诗人最大的愁。

想真正去解决有限的生命和无穷的宇宙之间的矛盾，基本是不可能的。可是在张若虚这首《春江花月夜》里，给了我们一个新的思考角度。他说，"人生代代无穷已"，如果我们一代又一代人的生命连缀起来，不就能够获得和明月、和长江、和宇宙一样无穷无尽、永恒的延续吗？

我们人类从个体上来讲，寿命是有限的，但是从族群和文化延续的角度来讲，人类和宇宙一样是永恒的，这就让我们超越了个体对于生死的担忧。我们不用去探寻一个人要怎样去延续自己的生命、怎样跳脱出生死的轮回，因为这根本就不可能。

但是，我们可以为全人类的文明贡献我们的力量，可以在人类文明的历史长河中留下我们的足迹和印记，这样一来，我们的生命不就获得了与天地自然永恒的价值吗？这是非常伟大的。

生命真正的价值在哪里呢？这一首诗的后半部分通过讲述"谁家今夜扁舟子，何处相思明月楼"这样一个游子思妇的故事告诉大家，月圆之夜，虽然相思的人难以逾越山水的阻隔重逢在一起，但是，他们的这一份思念和情感，会伴随着月亮的落下，伴随着繁花和碧树而长存。

天地之间，只要人与人之间的感情还在，思念还在，人类存在于世间的印记和价值就在。唯独有情，唯独有爱，人类的文明才有绵延无尽的意义。

这一首《春江花月夜》，通过对爱的歌颂，真正勉励我们跳脱出对于生死的担忧，获得与天地和宇宙同等伟大的精神价值。这是我最喜欢这一句诗的原因，我觉得它是所有诗歌当中最深邃、最大气的一句。

"作为一位唐宋诗词的研究者和学者，韩潇老师最喜爱的诗句是哪一句呢？"这勾起了小溪同学的兴趣。而通过韩潇老师的精彩解读，同学们对于中国古诗词内涵的领悟、对于宇宙和生命的思考都上升到了一个新的层面。正所谓，"欲穷千里目，更上一层楼"。

主观偏好式"最"字提问

即侧重对话者的主观感受与选择，希望对方表达自己的独特见解，促进情感共鸣与思想交流。

小案例

对话《人民日报》社会版原主编、著名教育博主
李智勇

徐伟轩：李老师，我知道您从小到大都是作文高手，您也曾是中考和高考的满分作文得主。所以，我有一个问题想与您

探讨——作文的结尾有很多种写法，我自己也尝试过不少写法，但总觉得不够满意。您认为，哪种作文的结尾写法是最高级的呢？

李智勇：的确，作文的结尾有很多种写作方式。最简单的一种结尾，我们称之为总结式结尾，例如："这是多么有意思的一天呀！"等于是对前面的内容进行了总结，那么总结式的结尾再往前发展呢？那就需要再加点小议论，比如"这个事情深深教育了我，让我明白饭要一口一口地吃，不要急于求成"。在故事的后面，我们加个小议论，来个小总结，这是最普通的结尾方法。

我总结了一个更高级的结尾写作方法，这个方法是从古诗词里学过来的，即去写一个场景，写一种广阔的景色。举个例子，唐代诗人白居易的《琵琶行》中有一段描写了琵琶女精彩动人、扣人心弦的演奏："大弦嘈嘈如急雨，小弦切切如私语。嘈嘈切切错杂弹，大珠小珠落玉盘……曲终收拨当心画，四弦一声如裂帛。东船西舫悄无言，唯见江心秋月白。"

"东船西舫悄无言，唯见将心秋月白"，当演奏结束后，写这样一个空镜头，比描写"满座热烈的掌声"要更有意境，更有留白，也就更让人回味悠长。

我曾经写过一篇关于中国京剧院一位男旦演员的报道，他每天都非常辛苦地排练。某天，他正在练功房里坚持着每日必修的艰苦练习，咿咿呀呀地唱着"奴似嫦娥离月宫……清清冷落在这广寒宫"，曲声悠扬。文章结尾处，我写了一句，"窗外，夜色浓了"，象征着前路漫漫，象征着现实和生活。你品一品，是不是很有味道？

以空旷的景物或景色结尾，引发人的联想，这种方法叫"空镜头结尾法"，请记住"唯见江心秋月白""窗外，夜色浓了"这两种典型的"空镜头结尾法"。

结尾处，具体的物象和场景能让人产生"言有尽而意无穷"的联想。结尾的时候不给一个明确的结论，显得更加高明，这是一个非常高级的结尾方法，值得同学们去试一试。

作为一位教青少年写作的大咖老师，李智勇老师对于作文结尾的写法有着自己独到的、精准的见解，而徐伟轩同学的这个提问设计无疑是挖到了李老师的"宝藏"，令人收获感满满。"空镜头结尾法"是一种很高级的结尾方式，值得同学们学习和尝试。

"最"字式提问常被设为万能提问，在沟通时，这种提问方式我认为适用于有一定人生阅历的人，当他经过岁月的沉淀之后，才能梳理出"最"难忘的人和事、"最"有分享价值的心路历程和"最"有意义的人生经验。

"最"字式提问之所以引人入胜，是因为它触动了人类的天性中对未知的好奇与向往，对往昔的深刻反思，对未来的无限畅想。在回答这类问题的过程中，对话者不仅要回顾过往，梳理思想，更要展望未来，大胆去探索未知领域。

"最"字式提问，不仅是语言智慧的体现，更能促进人与人之间的深度交流和沟通。让我们在学习和生活中，多多运用这种提问方式，共同去探索更广阔的未知世界和更深远的领域。

小练习

极限挑战赛——"最……"的巅峰对决

• 闭上眼睛，想象你来到了你的偶像面前，他可能是一位作家、科学家、歌手、演员……请你用"最"字式提问，向他提一个你最想知道的问题吧！

• 和你最喜爱的老师聊聊天，聊一聊他的往昔，请你用"最"字式提问，向他提一个问题吧！

✦ 质疑式提问：创造未来的密码

在长期的传统式学习中，我们习惯于被动接受老师传授的知识，习惯于一味认同课本中、书本中的观点和内容，往往忽略了能激发我们无限可能的力量——质疑。

然而，正是那些敢于挑战、勇于质疑的人，通过质疑式提问，揭开了人类认知的新篇章。

质疑式提问作为批判性思维的核心工具，不仅是探索真理的灯塔，更是推动社会进步与个人成长的强大引擎。接下来，我将通过讲解质疑式提问的定义与意义，以及一个个引人入胜的故事与案例，展现质疑式提问如何激发思考的火花，照亮未知的角落。

质疑式提问的定义

质疑式提问，简而言之，是指那些挑战现有观念、假设或结论，不满足于现有答案，去深入探究事物的本质、逻辑合理性及证据充分性的提问。它不是对信息的简单询问，而是促使我们进一步探究与验证的提问方式。

质疑式提问鼓励我们跳出既定的思维框架，以开放、怀疑的态度审视周围的一切，勇于提出"为什么""如何证明"等深层次问题，从而推动认知边界的拓展。

质疑，是批判性思维的具体体现，是怀疑一切的态度和打破砂锅问到底的工作作风。在这样的质疑中，更多体现的是提问者的思考能力、辨别能力和对于未来的预判能力。

质疑式提问如何帮助我们养成"批判性思维"

批判性思维，是一种基于理性、反思和逻辑分析的思维过程，它要求我们在面对信息时，不盲目接受，而是通过不断的质疑，进行系统的分析、评估与反思。它强调我们需要去理性判断、独立思考。它促使我们提出问题，寻找答案，进而形成自己的独立见解。

在这个过程中，我们学会了如何辨别信息的真伪，如何构建合理的论证，如何在复杂多变的世界中保持清醒的头脑。这个过程不仅增强了我们的思维能力，也提升了我们面对复杂问题时的决策能力。

质疑式提问是批判性思维的核心要素之一。

质疑式提问的分类与案例

直接挑战类的质疑式提问

即直接针对某一个观点或结论提出质疑，要求对方给出更为合理的理由或答案。

小案例

2006 年 4 月，我作为微软公司特邀记者前往微软总部。我见到的比尔·盖茨（Bill Gates）先生穿着格子衬衫、牛仔裤，谦和的笑容中还有几分腼腆，完全不是我想象中世界首富的模样。

由于时间有限，我只能向比尔·盖茨先生提一个问题。

当时，微软拿下了在华的最大一单交易，交易额高达十七亿美元，微软与国家发展和改革委员会将签署软件产业合作二期谅解备忘录。在未来五年内，微软将至少向中国市场投入三十七亿美元。此外，微软还承诺继续为中国培养更多软件人才和建立软件创新中心。

周璐：微软此前在中国市场的形象是高高在上，不太亲民，不善于与中国厂商合作。您认为，这次微软为何能收获在中国的最大一单，而且还能赢得中国政府的青睐？

比尔·盖茨：我要借这个机会公开感谢微软大中华区 CEO 陈永正先生和他领导的团队所做的杰出贡献。他正确、及时、坚持不懈地与总部沟通，使得我们对中国市场的需求有了更多的了解，并能及时做出调整，所以，我们才得以与更多的中国厂商达成合作。中国是我们最重视的市场之一，未来我们将为中国市场做得更多。

小案例

2005 年，戴尔公司的创始人迈克尔·戴尔（Michael Dell）先生访华，我对他做了专访。

周璐：迈克尔·戴尔先生您好，您是否担心，戴尔在 PC 市场的制胜法宝"直销模式"被其他人效仿后，戴尔的核心竞争力将受到严重威胁？

迈克尔·戴尔：中国是全球第二大 IT 市场，在如此广阔的市场上有很多的方式、途径和方法可以使公司获得成功，所以戴尔的模式并不是成功的唯一途径，因此我们对很多公司的战略都表示尊重。

周璐：一年前，您曾对一位美国记者说过，让您睡不好觉的是中国的联想公司，那么今天联想公司是否仍然让您睡不好觉？您是否担心，联想学习了戴尔的模式后，就能够成功抵挡戴尔，主宰这个世界上增长最快的 PC 市场？

迈克尔·戴尔：最适合回答这个问题的是我们的客户，这在于客户的选择。

我采访商界大佬时，采用了直接挑战类的质疑式提问，质疑他们的市场战略、商业模式等，这样的提问方式，是在时间紧、任务重的情况下最高效的一种提问方式，也是在最短的时间内拿到核心答案的重要的提问战术。

深入探究类的质疑式提问

即想要挖掘背后的原因，或是深入探讨其中的逻辑，并试图探讨能否为之做一些改变的提问方式。

小案例

2006 年 10 月，联想集团邀请我在内的几名中国记者去参观其位于日本的研发中心。在参观完 ThinkPad 系列产品博物馆之后，我向他们的研发工程师提了这样的问题：

周璐：一方面，我为您所介绍的 ThinkPad 系列产品的卓越功能感到满意；另一方面，又为它稍显单调的外表感到遗憾。在中国，越来越多的职场女性需要使用更为漂亮、更有品味的笔记本电脑，我本人也有这样的需求。不知道您的团队有没有考虑过，为全球的职场女性在 ThinkPad 的外观上做出一些更突出的改变？

工程师：我们看到了这一市场需求，但我们决定暂时不改变它的外观设计。

周璐：这是为什么呢？

工程师：因为我们希望保持 ThinkPad 一贯的风格。

周璐：那真是太遗憾了。

这个问题的设计旨在从消费者和联想研发中心的双重角度出发，与工程师共同探讨更前沿的市场问题，并向其提出女性消费者的建议。当时，这个问题引发了现场人员的热议，遗憾的是，这个建议在当时并未得到工程师的采纳。

反向思维类的质疑式提问

即向现有事物或结论、定论的反向去思考，从而打破现有的认知边界，发现一个新世界。

小案例

牛顿和万有引力定律

1665 年至 1666 年，英国伦敦暴发了一场大瘟疫，情况非常严峻，超七万人因此丧命。受此影响，所有的学校都停课了，当时正在剑桥大学读书的牛顿也只好回到自己的家乡——伍尔索普庄园，在家隔离了整整十八个月。不过，牛顿很喜欢隔离的生活，因为不受外界的干扰，反而能静下心来，思考很多之前没有时间细想的东西。

有一天，牛顿正坐在苹果树下思考地球和月球的运行，忽然，一个苹果被风吹了下来，不偏不倚砸在他头上。"哎哟！"牛顿一下子从沉思中惊醒了，正准备把这个砸了他脑袋的"罪魁祸首"扔出去，却又哈哈大笑起来。

"哥哥，你都被苹果砸了，怎么还笑得这么开心？"牛顿的妹妹问。

"我问你，这个苹果为什么不往天上飞，而是往地上掉呢？"牛顿问道。

"所有的东西都是往地上掉啊，这有什么稀奇的。我还以为你发现了什么好玩的东西了呢。"妹妹耸耸肩，转身走了。

可牛顿却依然待在原地继续他的思考："既然所有的东西都

往地上掉，那就说明地球肯定有引力。"

可绕着地球转的月球，却始终和地球保持着一定的距离，并且不会掉下来，这又是为什么呢？是不是因为地球和月球的距离远大于苹果和地球的距离呢？

牛顿又想起自己小时候做过的一个游戏：用一根线拴住一颗石子，用手抓住线的另一头转圈圈，石子就会围绕着手飞起来，并且不会掉下来。

如果把手看成地球，把石子看成月球，那这根绳子就等于是地球的引力，只要绳子不断，石子就不会掉，这就解释了为什么月球可以一直稳定地围绕地球运转，是因为有引力存在。同样地，地球围绕太阳运转，也是这种引力的缘故。

在这之后，牛顿用了将近二十年的时间去研究和推算，终于完整提出万有引力定律，进一步推动了科学的进步。因为牛顿的研究发现，人们在面对未知的自然时，变得更加自信，相信人类可以凭借自己的力量来认识世界，而不用再去求助"鬼神"。英国著名诗人亚历山大·蒲柏（Alexander Pope）给牛顿写了一句墓志铭："自然和自然的法则在黑暗中躲藏；神说，让牛顿出生吧！于是，一切都成了光明。"

而牛顿的那个问题："这个苹果为什么不往天上飞，而是往地上掉呢？"则是这个新时代的开端。

假设反转类的质疑式提问

即通过提出与既有观点相反的假设，探讨另一种可能性。

小案例

乔布斯和 iPod

当年，苹果公司创始人史蒂夫·乔布斯（Steve Jobs）重回苹果公司以后，发现公司里有十几条产品线，几十个不同类型的产品。于是，他向自己也向团队提了一个问题："如果苹果公司只能保留一款产品，那应该是什么呢？"

经过市场调研，乔布斯宣布，他要做一款音乐播放器。因为喜欢听歌的乔布斯，敏锐地发现了音乐播放产品的市场缺口。当时，人们如果想听歌，只能把一盘磁带放进小型录音机里来播放，但一盘磁带只能储存十几首歌，如果想多听一些歌，就需要买很多盘磁带，多花钱不说，还很占地方。

所以，热爱音乐的乔布斯决定研发一款可随身携带的、大容量音乐播放器。

经过团队夜以继日的研发，一款能够储存一千首歌的便携式多功能数字多媒体播放器——iPod 诞生了。这款音乐播放器的问世让全世界的音乐热爱者欣喜若狂，他们排着长队，连夜争相购买。

iPod 为苹果公司带来了极其可观的销售收入，让苹果公司彻底打了一个翻身仗，重新回到世界科技舞台的中心。这款 iPod 你也许没见过，但你的父母肯定见过，它可是当时赶时髦的年轻人最潮的标配。

乔布斯通过这样一个假设反转类的质疑式提问，研发出了 iPod 这款具有划时代意义的产品，并为苹果公司打了一场翻身仗。

未来导向类的质疑式提问

即面向未来，提出关于趋势、预测与愿景的问题，激发对话者对未来的想象。

小案例

马斯克的火箭梦

美国著名企业家埃隆·马斯克从童年起，就有一个关于火箭飞船和太空旅行的梦想。小时候就自学编程的他，所编程的主题就是拦截要毁灭地球的"外星人"。当马斯克创业成功并拥有了一定的资金实力后，他又回想起了自己儿时的梦想，于是便对他的朋友们宣布，我希望用一生去完成一些有意义的、永恒的事情，他的下一个目标是太空！

为了建立一个新的生命共同体，以应对地球可能面临的危机，马斯克希望地球人可以离开地球，搬到其他行星上生活。由于火星和地球的情况最为接近，他想要把火星改造成为地球人的第二个家园。所有的朋友都认为马斯克疯了，认为他不可能凭着一己之力做到这件事。

"那么，如何依靠我自己的力量，实现人类的火星移民计划呢？"马斯克问自己。

马斯克想到的第一步是，创立一家火箭发射公司，压低火箭发射成本，让火箭就像太空出租车一样，以后可以向太空源源不断输送人和物。

刚开始，他想购买一枚火箭，于是他开始深入了解可以出售火箭的公司。当今国际上，美国、俄罗斯、中国拥有最先进的航空航天技术。马斯克咨询了一圈，发现火箭的价格都在几千万美元以上，实在是太贵了。只有俄罗斯的一家公司的报价还算可以，马斯克立即飞往莫斯科洽谈火箭生意。

与俄罗斯公司代表人的会面并不顺利。他们一连碰头了三次，可每次这家公司的人都拉着马斯克吃饭、喝咖啡，故作高深，迟迟不谈正经事，好不容易把话题转到了火箭生意上，这些人却故意抬高价格。心急的马斯克看到这种情形，一气之下离开了莫斯科——这桩生意，不做了！

可是，接下来怎么办？马斯克萌生了一个大胆的想法：自己制造火箭！但当时，在全球范围内，制造火箭和发射火箭都要依靠国家政府力量，没有一家私人公司涉足过这个领域。

马斯克借来了一大堆发黄的旧书，比如《火箭推进原理》《天体动力学基础》等，他一点点啃书本，悉心研究航天工业及背后的物理原理。

他在查阅资料时，发现市场上火箭的价格之所以如此昂贵，是因为这些都是搭载大型卫星的大型火箭，而马斯克想要的火箭，只要满足能够搭载小型卫星和科研设备的需求就可以了。换句话说，就是他有个小火箭就够用了，这一下就可以省掉不少的成本。

马斯克根据自己掌握的知识，详细列明了建造、装配和发射一枚火箭需要的成本，这距离自己制造火箭，又进了一步。

最终，他决定成立一家火箭公司，这是压低太空探索成本最直接的办法。2002 年 6 月，由马斯克创立的美国太空探索技术公司"SpaceX"成立了。从那以后，马斯克正式开启了制造火箭、奔赴火星的征程。

马斯克的故事告诉我们，质疑可以为创新提供肥沃的土壤，促使人们不断思考，寻求更好的解决方案，促进新事物的诞生，推动自身和社会的向前发展。

质疑式提问的原则

提问的底线是不能进行人身攻击，要对事不对人，保持基本的礼貌。

我记得，在某跨国公司全球 CEO 的记者招待会上，有位记者提出了这样一些问题："你们为何对于我国市场的反馈一直不理不睬？是不是觉得自己很牛？你们这样做，是不是脑子有问题？"

这显然是火药味过浓的问题，用词不雅，有了人身攻击的味道，结果被访者拒绝回答。

用质疑式提问的方法进行提问时，提问者要注意分寸和礼貌，要在尖锐与得体之间找到平衡之道，在追寻真相和侵犯他人之间划定界限，在沟通中解决问题。提问者需要聪明地捍卫原则，既能不卑不亢地提问，又不会让对方过于难堪。这是一种需要掌握的平衡技巧。

在当今这个信息爆炸的时代，质疑式提问显得尤为重要。面对海量的信息和各种似是而非的观点，我们需要保持清醒的头脑，运用质疑式提问的方法，对信息进行筛选、分析和评估。这不仅能够帮助我们避免被误导，还能促使我们形成更加全面、深入的认识。

同时，质疑式提问也是个人成长中不可或缺的一部分。它鼓励我们不断挑战自我，突破舒适区，勇于探索未知领域。在这个过程中，我们的思维能力、创新能力以及解决问题的能力都将得到显著提升。

质疑式提问，是通往智慧之门的钥匙，是批判性思维的核心要素。直接挑战类、深入探究类、反向思维类、假设反转类、未来导向类的质疑式提问，让我们在探索未知的道路上保持警惕与好奇，勇于挑战权威，追求真理。

正如牛顿、乔布斯和埃隆·马斯克所展示的那样，每一个看似微不足道的质疑式提问，都可能成为推动人类进步的巨大力量。在充满未知和挑战的未来，让我们勇敢地提出质疑，用批判性思维的光芒照亮前行的道路。

小练习

思辨角逐场——"我不同意"的辩论赛

请和你的同学们一起策划一场辩论赛吧，主题由你们自己来定，请你们组成正、反两方，然后说出自己的论点、论据，并试图说服对方。请相信，这是锻炼质疑式提问能力的一种很好的方式。

✚ 总结式提问：连接过去与未来

在课堂上，老师时常会问我们："请你们总结一下，今天我们学了哪些内容？"在工作中，领导会问我们："请你们总结一下，你们的团队今天表现如何？"在拿到了期末考试成绩的那一刻，我们会自我反思："对这个成绩，我满意吗？我有哪些值得骄傲的地方，还有哪些短板需要补齐？"这样的总结式提问，能帮助我们思考和洞察，提升效率，实现个人和团队的优质成长与不断突破。

总结式提问的定义

总结式提问，是指在对话、讨论或自我反思过程中，通过提出概况要点、提炼精华的问题来引导对话者进行思考的一种提问方式。这类问题不仅要求对话者回顾已知信息，还要在此基础上进行综合分析，从而形成更为深刻的逻辑和理解。

在与他人的对话中，总结式提问是提问者引导对话者对自己的一段职业生涯和人生经历进行回顾、总结、概括，最终得出结论的提问方式。其内容可以是对话者回顾往昔、评价自己，也可以是对未来的展望和畅想。

在总结式提问中，如果提问者和对话者配合默契，往往能得到金句式的人生智慧，给受众以收获感和顿悟感。所以，总结式提问往往被安排在对话的末尾，起到画龙点睛的作用。

总结式提问的分类与案例

概括性总结式提问

即提问者引导对方用简洁的语言对自己的人生经历、心路历程和认知体系进行回顾，并进行自我审视和反思，从而凝练出浓缩的人生智慧。

小案例

专访谷歌前 CEO 埃里克·施密特先生

2006 年，时任谷歌公司 CEO 的埃里克·施密特（Eric Emerson Schmidt）先生访华，当时，互联网搜索业务在业界方兴未艾，百度公司还在"蹒跚学步"阶段，但是，我们看到互联网必将是未来的大势所趋。于是，我争取到了对埃里克·施密特做专访的机会。

周璐：我们知道，您曾经受过多年专业的飞行训练。那么，回过头来看，这些训练对于您后来转战商界，是否有所帮助？

埃里克·施密特：飞行训练相当有用。你必须学会迅速做出决策、接受命令，甚至清楚地知道什么时候应该放弃命令。

我在商界摸爬滚打了近三十年，很清楚作为首席执行官最需要具备的素质是什么。

周璐：业界普遍认为，谷歌公司对互联网产业以及整个商业社会最大的贡献并不在于资本市场的庞大市值，而是在商业价值观上的建树。那么在您眼中，谷歌公司对这个世界最大的贡献是什么？

埃里克·施密特：谷歌内部制定了十条价值观，而"不作恶，也能赚钱"（You can make money without doing evil）是其中的第六条。这条是指没有人能够购买更高的网页排名。用户信赖谷歌的客观公正性，任何短期利益都不能够构成破坏这种信任的理由。正是基于此，谷歌保持公正有效的搜索，从而最终获得了用户的喜爱。

作为传媒公司，必须保持中立的立场。我非常赞同谷歌两位创始人谢尔盖·布林（Sergey Brin）和拉里·佩奇（Larry Page）所坚持的"不作恶"的商业价值观，这是我们的信仰。谷歌永远"不作恶"的原则，被外界广泛尊敬。

我在查阅了资料后发现，埃里克·施密特先生曾经当过飞行员，所以我试图引导他回顾这一段有趣的往事，并引导他去思考和阐述谷歌公司的核心价值观，最终，我得到了满意的答案。

小案例

采访阿里巴巴集团副总裁邢悦女士

刘雨辰：邢悦老师，在外界眼中，您是一位成功的商界女性。如果用三个词来概括自己的人生，您会用哪三个词呢？

邢悦：你的这个问题很好，我好好想一想哈。描述我的人生，第一个关键词是"小镇青年"。我出生在辽宁省锦州市的一个普通的家庭，爸爸是海员，妈妈是老师。因为是中国最早的一批海员，爸爸到过很多地方，见到的东西非常多，所以经常会给我带回一些新奇的物件。从小，我认知世界是靠爸爸给我带来的物件，他在地球仪上指出去了哪些国家。他走过这个地球的很多地方，这就在我小小的心灵里开启了要走遍世界的愿望。

从小，我的梦想是要找一个像爸爸的工作一样的工作，去经历很多、看不一样的世界，这样就能走出这个小镇，去看广阔的天地。于是，我职业生涯的第一站是太古集团，那是一家有二百多年历史的英国企业，旗下有一个叫国泰航空的子公司。我觉得这个企业的福利很好，每一年有用不完的免费机票，可以去五湖四海游历，能够实现我要看世界的梦想。

第二个关键词，是"叛逆"。我特别不喜欢接受别人告诉我的事实，总是试图用自己的方法去证实一下，所以我特别喜欢辩论，在学生时代参加最多的活动就是辩论大赛，在这个过程当中能听到很多不同的声音。

我在高中时代经常和政治老师辩论，在我们定义的科学世界之外，在我们看不到的那个世界里，在我们未认知的领域之外，有没有科学存在呢？那里也是唯物主义吗？

第三个关键词，是"大模型"。读中学时，我喜欢阅读，读过文学、哲学、历史、商业等各类书籍。我高中时选了文科，考入同济大学后，学了土木工程、机械电子工程等七七八八的课程，所以文科、理科、工科的内容我都有所涉猎，知识结构就会比一般的大学生更加宽泛，视野也更广阔一些，这让我未来的人生有了更多的选择。

我认为，人生是一个"大模型"，你"喂"给它的数据越多，"喂"给它的语料越多，"喂"给它的经历越多，未来你的参数就越大，可能性就越多，你就会比别人有更丰富的输出。所以，我建议你们从少年时就不断积累、不断"充电"，多读书、读人、读世界。

听完邢悦女士的成长故事，孩子们都被深深打动了。"小镇青年""叛逆""大模型"，这三个词总结和概括了邢悦女士的成长历程。尤其是"人生是一个'大模型'"这个比喻，让孩子们认识到不断积累、不断"充电"的重要性，令人记忆深刻，收获良多。

评估性总结式提问

即要求对话者对某段历史、某个观点或结论进行全面评估，然后给出一个总结性的答案。

小案例

采访中国金融学会常务理事、招商银行前行长马蔚华先生

马蔚华先生卸任招商银行行长之后，我对他进行了一次采访。我希望这次采访成为马蔚华先生回顾和总结自己

职业生涯的绝佳机会。于是我设计了关于"打分"的有趣问题。

周璐：您离开招行已经半年了，我听说，当时好些招行员工表达了对您的依依不舍之情。今天回过头来看，您对自己离开招行是否感到惋惜甚至遗憾？

马蔚华：没有什么惋惜的。应该说我们相处了十五年，大家共同打造一份事业，一起经历了那么多风风雨雨，感情很深厚，这是人之常情。我是一个招行的"老兵"，已经干了十五年，属于超期"服役"了，所以应该新老交替，这是一种"新陈代谢"，是很正常的过程。虽然我离开了，但我和大家的感情还是存在的。

周璐：您如何评价自己在招行的这十五年？

马蔚华：我给自己打及格分吧。（大笑）

周璐：如果给自己打分的话，满分是一百分，您给自己打多少分？

马蔚华：八十分左右，哈哈。

马蔚华先生后来对我说，我是第一个让他对自己的人生进行打分的记者，这让他觉得很惊奇和有趣。这个八十分，是他认真思考后给出的分数，这个分数显示了他对自

让孩子学会提问

己的职业人生的一个总结。

反思性总结式提问

即鼓励对话者反思过程和结果，从反思中吸取经验和教训。

小案例

采访中国工程院院士、计算机专家倪光南先生

倪光南先生是一位 IT 领域科学家，曾加入联想集团，担任联想总工程师。

周璐：倪先生您好，在经历了那么多起起伏伏之后，您对于人生的理解是什么？

倪光南：对于人生，我的理解是不要计较小事，不要急功近利，而是要看得长远一些，看到更大的问题。

多年来，我一直在问自己，有没有虚度年华？年轻时，我将事情想得很简单，后来才知道做成哪件事都不容易，一个人能做的事很有限，但我认为，只要自己尽力就行了。

年轻的时候，我可能希望很快就能将一件事做出成果，其实很多时候，做成一件事情需要持续不断的努力。

倪光南，这位在中国 IT 界叱咤风云的人物，当他站在自己的人生之巅时，对于自己过往的选择，有着怎样的评价和思考？作为一个合格的提问者，需要去引导他进行总结，分享人生智慧，以供年轻人学习借鉴。

展望性总结式提问

即提问者去引导对话，展望未来，提出预言，开启新章。

未来，我们所面临的最大挑战是什么？这是很多人都非常喜欢回答的一个问题。这也是我在多年的采访生涯中问得最多的一个问题。也许，每个人的人生都是以不断挑战自我，不断突破自我认知为终极目标和最终乐趣的。

美国资深高管教练安德鲁·索贝尔（Andrew Sobel）在《提问的艺术》中写道："你的梦想是什么？"这是一个看似简单却很有力的问题，值得我们每个人思考。

小案例

采访阿里巴巴集团副总裁邢悦女士

陈浩腾：邢悦老师您好！我最近观察到，学数学、物理类的专业的学生在未来会有比较大的发展，但我更喜欢语文和外语、历史，那么，将来我该如何选择自己的专业，才不会被这个世界所淘汰？

邢悦：这是一个挺现实的问题。

第一，我们每个人都需要认清自己到底喜欢做什么，不要违背自己的内心。大时代背景是，之前我国是依靠整合全球的供应链来解决技术问题，现在，很多高精尖的技术问题都要靠我们自己去解决，所以国家更加迫切需要理工科人才。当然你如果能够紧跟这样的时代节奏，固然更好，但不要功利地去看这个问题。因为每个人的优势领域是不同的，每个人其实都有自己的优点，所以我觉得还是要跟随自己的内心，明白自己真正热爱的是什么。

第二，我觉得中国当下教书育人的方式也在逐渐发生变化。整体趋势是很多学科都在相互融合、学科之间的边界越来越模糊，像数学、物理、化学、生物学会越来越融合。我估计将来你们上大学时，会提倡实践教学，更加注重解决实际的问题，学科间打通、融合，不再有那么多的边界，所以我认为这也是一个机会，让自己能够用喜欢的方式去接触更多不同的学科。

其实，文科和理科的划分是工业化时代的产物，每个人都好似在流水线上按照同样的标准被生产。但实际上我们每个人都是不一样的，对不对？所以我觉得文科和理科并没有边界，未来教育改革的方向也是多学科的融合发展，所以建议你找一些自己喜欢的认知世界的角度，看天空也好，看微观的粒子也好，作为一个独立的个体去感知和认知这个世界。

你可以体验到很细的程度，也可以很宏观地体验。但是我觉得我们生而为人，不管学文科还是学理科，都有权利也应该有这个能力去认知世界。从这个角度去想，你就不会那么抵触理科了。

最后一个建议，是学中用，用中学，即带着问题去找答案。你说人工智能来了，我们会不会被取代掉？我觉得还是取决于你知不知道拿它来做什么。如果你知道拿它做什么，就不会被取代，反过来它会成为你的帮手或者合作伙伴。

我们不要被互联网上的某些信息和思想奴役，要有自己独立的思想，不要让任何人去束缚自己的思想。

陈浩腾同学的这个问题"我该如何选择自己的专业，才不会被这个世界所淘汰？"可以说是问出了当代少年内心的惶恐和对未来的担忧，而邢悦女士给出的答案既有高度又接地气，让人豁然开朗。

前瞻性总结式提问

即提问者期望对话者展望未来的同时，引导他提出一些前瞻性的观点，给人启迪。

小案例

对话中国知名考古学家许宏老师

马佳音：许宏老师，我来自四川，对古蜀国的文明很感兴趣。三星堆和金沙遗址就在我家附近，我平常也会看一些考古的视频。但我时不时看见评论区有人说，我们应该展望未来，而不应该停留在过去。

在一些年轻人的眼中，考古是一门距离我们特别远的学科，在您看来，考古对于当下和未来的意义是什么？

许宏：这个问题问得特别好。考古到底有什么用处呢？我想，考古首先是满足人类的好奇心，能帮助我们了解人类是从哪里来。人类和动物的本质差别在于人类是有思想、有文化的，语言和文字作为传承工具，让文化在不同代际的人中间传播。而考古人，作为时空"穿越"的使者，去帮助人类了解类似于古蜀国人这样的生活和文化，就可以唤起人类失去的文化记忆。

现在，很多家长让孩子在衣食无忧的情况下，学一些看似不那么挣钱的、无用的东西，例如文史哲、艺术史，这是为了让孩子成为一个有文化教养和历史教养的人，这是值得欣喜的。

考古还有一个用处是安顿身心。读历史书，你就会发现，你正在经历的那些苦恼和人类波澜壮阔的历史相比，都不过是沧海一粟。这样，你的心胸就会变得开阔，就像宇航员在外太空看地球一样，地球只是宇宙中的一颗小小的星球，甚至是一粒尘埃。

有人说，历史没有用。但没有历史就没有根，而没有根，就没有未来。如果人类不知道自己从何而来，怎么能够走好以后的路？经验和教训都是弥足珍贵的，古蜀国是如何消亡的？可能就是因为那时的人们破坏自然资源、污染生态环境，导致水污染、瘟疫蔓延，或者由于资源过于紧张，人们就会产生激烈的争夺。这些历史问题搞清楚了，不是会有利于未来走好我们自己的路吗？

"考古对于当下和未来的意义是什么？"这个具有前瞻性的问题的提出，是马佳音同学对于当下喧嚣浮躁的信息环境的考问，而许宏老师的回答则深刻地诠释了这个问题的本质，令人收获颇丰。

总结式提问是一种有效的提问方式，能够帮助我们和对话者更好地去回顾过去、总结经验、提炼要点、自我评价和展望未来。

在对话中，我们都渴望听到金句，但金句并不是那么容易获得的，它们往往就隐藏在提问者精心设计的总结式提问中，隐藏在对话者对于未来的展望中。

　　总结式提问更是一种强大的学习和沟通工具，它能促进我们更深度的思考、启发我们的创新思维、激发我们的潜能，推动我们从过往获得力量，对未来更加充满期望。

小练习

深度对话——你最难忘的那一刻

　　找一个你最想对话的人，他可能是你的挚友、长辈、偶像，请对方聊聊自己的人生故事，在对话的最后，请用总结式提问的方式，让对方用三个词或一个句子来总结自己的过往。

PART 5

用提问驱动写作：教孩子写出精彩的人物作文

阅读、提问和写作，共同构成了提问力培养的完美闭环体系。在前面几个部分，我讲了快速阅读和提问方式。本部分，我将重点讲一讲在提问后，如何写出一篇精彩的人物作文，这既是对提问的总结，也是对提问的升华。

　　阅读、提问是写作的基础和前提，写作是提问之后最好的输出方式，是提问的升华和延伸。通过写作，我们记录了提问中的故事和金句，书写了提问之后的收获、思考和感悟；通过写作，我们把对话者的故事、思想和情感传递给读者，让更多的人感受到了人性的光辉和生命的魅力。

✚ 如何写出精彩的人物作文？

在完成提问和对话之后，我们每个人都渴望写出一篇精彩的人物作文。那么，首先我们必须弄清楚，什么样的作文算得上是一篇精彩的人物作文，是有优美的词句，还是有曲折的情节？在我看来，这些都不是最核心的要素。

精彩的人物作文，关键在于能栩栩如生地刻画人物形象，让他真实而立体地站在我们面前；能生动地展现人物的内心世界，以及他们与时代、周围环境的互动；能让读者通过这些文字引发对于自身行为的反思、对于人性的深思、对于社会的审视，并从中有所收获。

✚ "何为精彩" 的标准讨论

有故事，有细节

　　精彩的人物作文里需要有一个或几个引人入胜的故事，这些故事不一定是跌宕起伏的大事件，但一定要能够体现人物的性格变化和心灵成长，还需要有生动鲜活的细节描写。

　　通过这些要素，我们可以看到人物如何应对各种挑战、处理各种矛盾、化险为夷，在困境中展现出了怎样的智慧和勇气。这些故事和细节不仅能对读者产生巨大的吸引力，更让他们对人物有深刻的理解。

人物是鲜活的、立体的

　　在一篇精彩的人物作文里，人物是立体的、鲜活的、有血有肉的，作者所描写的不仅仅是人物的外貌、动作和语言，更是人物的内心世界。读者能够通过这些文字走进人物的内心，感受到他们的情感，能够跨越时空和人物对话，触摸到他们的灵魂。

语言是出色的

语言的运用也是评判一篇人物作文是否精彩的重要标准。生动的语言和细致的描写可以让读者更加沉浸在文章中，与人物产生共鸣。同时，精准而富有表现力的语言还能深化人物的性格特点，使读者更加深刻地理解人物的内心世界。

有作者的深度见解

作者的深度见解不仅仅是对人物进行描绘，更是对人性、社会和时代的反思。通过人物的经历和选择，我们能够看到作者对人性的洞察和对社会的解读。这样的作文不仅能够给读者带来阅读的愉悦感，更能够引发读者的思考和讨论。

读者阅读之后是有收获的

在一篇精彩的人物作文里，读者读到的不仅仅是人物故事，更从中感受到了人物的有趣，感受到了作者对于时代和社会的反思，对于人性的思考和社会的洞察，这样的作文能让读者有比较、反思、讨论的欲望，充满获得感。

　　找到了"精彩"的标准之后，接下来，我们需要了解，在进行提问与对话时，应该观察和捕捉哪些细节，才能让我们的作文变得更加精彩。

✚ 提问时，像侦探一样观察：捕捉人物的细节

一个优秀的写作者，首先是一个善于观察者

观察是写作最重要的基础。那么，在提问与对话时，我们到底应该观察什么，观察的要点和秘诀是什么呢？

对环境的观察：

观察天气、场景等。

对人物的观察：

观察人物的外貌、衣着、神态、眼神、动作、语言等。

人物的外在语言、内在语言代表了他的内心活动，这也会通过人物的外在神态等表现出来。

观察的要点：

细致、敏锐，不放过任何一个细节。

观察的秘诀：

把自己想象成一台摄像机，对人物进行远景、中景、近景的拍摄，看看在不同的距离里，人物有着怎样不同的表现。

小案例

十岁时，埃隆·马斯克终于拥有了一台计算机。十二岁时，马斯克操作起计算机来，俨然是一个小专家！

某天，马斯克心血来潮，决定要用自己掌握的知识，做一款最酷的游戏——"太空大战"。

（观察人物的内心）

马斯克的脑海里立即浮现出他看过的那些关于太空故事的场景，他把自己想象成宇航员，有外星人携带了致命武器和死亡光束要降临地球，为了阻止外星人毁灭地球，宇航员必须进行一系列阻击。

（观察人物的内心）

马斯克一边想象，一边动手写代码。他一动不动，连水都顾不上喝，完全沉浸在了创作游戏这件事情上。天快黑的时候，马斯克激动地欢呼起来："耶，我成功了！"他高兴地蹦起来打转儿，还给这款游戏起了个很酷的名字——"Blastar"，意思是

"大爆炸"。

（观察人物的动作、神态、语言）

后来，这款游戏被发表在了一家刊物上，那篇报道刊登后，马斯克赚了五百美元，这对一个孩子来说，算得上是一笔巨款了。

作者在这篇人物报道中，对马斯克进行了哪些方面的观察呢？作者观察了马斯克的内心语言、动作、神态和外部语言。作者手里仿佛拿着一台摄像机，从远景、中景和近景去"拍摄"马斯克，使童年马斯克生动地展现在我们面前。

用细节塑造人物

要想写好一篇人物作文，细节描写是必不可少的，它会让作文里的人物形象丰满、栩栩如生。当然，细节的作用也不只是为了叙述生动，而是为了使读者对人物和故事有更深层次的理解。把细节展现出来的最重要的方法便是运用各种描写方法。

描写的分类大致有以下几种。

环境描写：

包括对自然环境（天气和周围景色）的描写，虽然这不是对人物的间接描写，但环境描写为人物的活动提供了背景、营造了氛围，所以这些描写不是无关紧要的，会对人物的出场起到暗示作用。比如一个阳光明媚的早晨和一个山雨欲来的阴暗黄昏，对人物的心理状态和故事情节都产生着影响。

此外，还有对社会环境的描写，即对于人物所处的时代的交代，对于他的家庭环境、学习环境的交代，这是理解人物命运、行为特征、性格特征的最重要的一环。

人物的外貌描写：

外貌描写是对人物外在形象的刻画，包括面容、气质、身材、衣着、服饰等。这种描写不仅可以让读者对角色有一个直观的印象，还能展现出角色的性格、身份和生活状态。比如，我们可以从一位穿着朴素、眼神睿智的老者身上，感受到他是一个生活简单，但阅历丰富、内心坚韧的人。

人物的神态和动作描写：

动作描写关注的是角色的行为举止，包括人物的肢体动作、表情变化。一个细微的手势或眼神，都可以透露出人物的真实想法和情感状态，这些描写让情节更加生动，增强了读者的代入感。

人物的语言描写：

人物的独白和与他人的对话，都是展现人物性格、推动故事发展的最重要手段。

人物的心理描写：

人物的心理描写常常通过内心独白、梦境等形式来表现，从而展现人物的思想、情感和意愿。这是读者探索人物内心世界的重要手段，由此能够让读者深入分析人物的动机和欲望，为读者提供更加丰富的阅读体验。

小案例

科比的故事

这天，科比像往常一样，在球馆里独自练球，他一次次地重复着那些早已铭刻在骨子里的动作，似乎借此宣泄着内心的悲伤和苦闷。（**动作和心理描写**）偌大的球场上只有他一个人的身影，显得那么孤独和落寞。（**场景描写**）

这时，一个人走进场馆，他说："嗨，兄弟，休息一会吧！我想和你聊聊。"（**对话描写**）科比一看，这不是湖人队的前辈、传奇后卫约翰逊吗？在早年的比赛中，约翰逊曾随着湖人队一共拿下了五次 NBA 总冠军，科比对约翰逊一直都很佩服。

约翰逊坐下来，拍着科比的肩膀对他说（**动作描写**）："兄弟，你很棒，我知道，你想成为像乔丹那样伟大的篮球运动员。"（**对话描写**）

科比没有说话，点了点头。约翰逊接着说："那么，仅仅苦练自己的技术，是远远不够的。你必须要学会信任队友们，成为他们的领袖。只有这样，你才能带领球队走出低谷。也只有这样，你才能真正成为一位伟大的球员。"科比低下了头，陷入了沉思。他知道问题出在哪儿了，也知道自己是时候做出一些改变了。当他再次抬起头来，却发现约翰逊已经离开了。（**动作、神态和心理描写**）

通过以上一系列描写，科比在人生低谷时的痛苦、挣扎、迷茫都跃然纸上。不仅如此，我们通过这些描写，也深刻了解到他如何在前辈约翰逊的指点下幡然醒悟。众所周知，后来科比通过多年磨炼，不断成熟，成长为一个优秀的球队领袖：将团队里球员的积极性和主动性调动起来，将一切负面情绪都转化为了一次次漂亮的进攻。

小案例

巴菲特小时候卖可乐的故事

七岁那年，爸爸带着一家人去度假，小巴菲特特意带上了自己用二十五美分买的六听可乐。路上，巴菲特的姐姐口渴了，问他要一听可乐喝，可一直跟姐姐关系很好的小巴菲特这次却没答应。

"我的可乐还有别的用处呢。"他神秘兮兮地说，好像在筹划着什么大事。

"哼，你就是个小气鬼，可乐不就是用来喝的吗，还能有什么别的用途？"姐姐不高兴了。

（对话和神态描写）

等到了湖边，其他人都在欣赏风景，小巴菲特却一直四处张望，在给自己的可乐寻找买主。终于，功夫不负有心人，他看到了没有带饮料的一家人。他立刻鼓起勇气迎上去问："你们需要可乐吗？我有六听可乐，一听只要五美分，可便宜了，而且你们看，周围根本就没有卖饮料的地方。"

（动作、神态和对话描写）

那家人一看，附近真的连个商店都没有，就痛快地掏三十美分买下了这六听可乐。巴菲特一下子就赚了五美分，这可把他高兴坏了，这可是他靠自己赚来的第一笔钱啊。

（心理描写）

巴菲特从小就有成为百万富翁的梦想，但他并没有停留在做白日梦上，而是从小就开始行动起来，从最简单的事情做起，用心去发掘每件事情背后的信息，分析研究，把每件小事都做到了极致，一步步靠近自己的梦想。

巴菲特敢想就敢做的执行力，为他日后成为"股神"奠定了最坚实的基础。

写作中的场景描写、外貌描写、神态描写、动作描写、语言描写和心理描写等手法相互交织，共同构建了一个个立体而生动的人物形象，让读者在阅读中走进人物的内心世界，与他们对话。而这些描写，正是我们在提问和对话时认真观察、刻意捕捉各类细节后，落在纸上的结果。

✚ 引人入胜的开头：瞬间抓住读者的心

　　每一篇文章都如同一片浩瀚的星空，而一个精彩的开头，就像星空中璀璨明亮的星，引领读者踏上一段美好的阅读之旅。

　　一个好的开头不仅能够瞬间吸引读者的注意力，更能让读者产生深入阅读全文的兴趣。所以，当我们完成提问和对话，拿起笔时，首先要认真思索、不断推敲，力争写出一个富有新意的、引人入胜的开头。

　　那么，一个好的作文开头有哪几种？

提问式开头

　　即提出一个有趣的问题，引发读者的兴趣，把读者带入你所叙述的场景中。

小案例

　　你看过《千与千寻》这部电影吗?《千与千寻》讲述了少女千寻在神秘的神灵世界中，为了救因贪婪而变成猪的父母，经历了一系列冒险和挑战的故事。这部电影中，你印象最深刻的是哪个场景？是千寻的父母吃了不该吃的"食物"，最后被汤婆婆变成了猪的可怕情节，是千寻在汤屋里和汤婆婆交战的热闹场面，还是千寻和白龙之间的纯真友情？

　　给我印象最深的画面是影片的最后，千寻坐上了水上列车，车窗外是一片温柔宁静的大海，此时的千寻经历了许多坎坷，又开始了一段新的充满期待的成长旅程。

　　《千与千寻》是日本导演宫崎骏最著名的作品之一。宫崎骏你应该听说过吧？他是亚洲最著名的动漫大师之一……

　　在这篇文章的开头里，作者用两个提问——"你看过《千与千寻》这部电影吗？"和"这部电影中，你印象最深刻的是哪个场景？"，引出了《千与千寻》这部动画电影和宫崎骏先生，并引出了读者内心深处关于宫崎骏电影和自己成长故事的最温暖动人的回忆，让读者产生了深刻的共鸣，在第一时间对此文产生了浓厚的兴趣，触发了一读为快的冲动。

引用式开头

即通过引用重大的、具有非凡意义的新闻、数据、事实等信息，把读者带入你的故事和叙述中。

小案例

"今天上午，美国篮球巨星科比乘坐的私人直升机在加利福尼亚州卡拉巴萨斯市坠毁，飞机上的人员全数遇难。"2020 年 1 月 26 日的这则新闻，让无数人震惊。

成千上万的科比球迷来到临时搭建的科比纪念广场，献上了鲜花、蜡烛和紫金色的球衣，缅怀这位点燃了他们的青春、带给他们无数光荣与梦想的运动员。这一天，全世界很多人都在为这位篮球运动员的离世而黯然神伤、低声啜泣。

通过引用这则新闻，读者迅速被带到科比离世的那一天，带到那个难忘的、悲痛的场景和氛围中，让读者在心理上与作者产生共鸣。这样的开头不仅让文章更加立体、饱满，还能让读者被迅速带入故事之中，与人物一同感受和体验人生的起起落落、浮浮沉沉。

场景式开头

　　即用人物所经历的一个典型场景，来展开故事的叙述。这个场景可能是这个人一生中的某个高光时刻，或是某个失落的场面，一般不是这个人生命的起点或终点，而是他一生中值得纪念的日子或刻骨铭心的回忆片段。这种写法被越来越多地应用于人物写作中。

小案例

　　有一天，两个特别的人找到了J.K.罗琳，他们的衣服上都印着一个笑脸图案。其中一人向罗琳自报家门："罗琳女士，您好，我们是'笑声援助'慈善项目的志愿者。我们的主要工作是通过喜剧演出的方式来筹集资金，为全球贫困人口提供物资帮助。我们希望您能抽时间写一个喜剧剧本。"

　　罗琳看着手边还没完成的《哈利·波特》书稿，想了想，回答说："我之前没写过剧本，可能写不好。但是，我可以写两本小书，即霍格沃茨魔法学校用的教材，一本介绍魔法世界里各种凶狠的怪物，一本教小孩子怎么打魁地奇比赛，相信我的读者一定会喜欢这两本书的。这两本书的稿费和版税我全都捐给'笑声援助'基金会，用于慈善，你们看可以吗？"

　　听了罗琳的这番话，两个志愿者又开心又感动。他们感激地说："谢谢您对'笑声援助'的支持，您的作品充满欢乐和趣味，很符合我们想要传递的理念，我们一定会用您的捐助去帮助更多的人。"

对于创作这两本用于公益的小说，罗琳并没有选择随便写写，草草了事，而是像对待正式工作一样重视它们。

这个场景，通过生动的描写和细腻的情感渲染，迅速地把读者拉入文章的情境之中，并展示出 J.K. 罗琳对公益事业真正的热爱和富有创意的投入精神，极具故事性，是非常讨巧的一种写作方式。场景式开头，是一种很高级的写法，正在被越来越多的作者所采用。

回顾式开头

即用简短精练的语言快速回顾采访者的一生，让读者对人物有一个基本的认知。

小案例

他个子不高，精神矍铄，眼里总流淌着慈祥的笑意。他在田间地头奋斗了一辈子，培育出的两系杂交水稻、超级杂交水稻，解决了世界数亿人口的吃饭问题。他说，自己心中有两个梦，一是"禾下乘凉梦"——梦想试验田里的超级杂交水稻长得有高粱那么高、稻穗像扫把那么长、谷粒像花生米那么大，自己坐在禾下悠闲地纳凉；另一个梦是"杂交水稻覆盖全球"。

他就是中国工程院院士，"共和国勋章"获得者、"杂交水稻之父"袁隆平先生。

为了让中国乃至全球更多的孩子都能吃上香喷喷的米饭，不再受饥饿的折磨，袁隆平把自己的一生都献给了脚下的这片土地。

这个开头，用寥寥数语勾勒出袁隆平先生朴素的外表和伟大的理想，勾勒出他一生的梦想和愿景——让人民吃得饱饭。为了这个梦想，他无私奉献了自己毕生心血。

这个开头点明了主旨，奠定了全文基调。它如同乐章的前奏，虽简短却饱含情感，为后续内容铺设了道路。通过精练的语言，作者在开头便呈现出文章的核心思想和情感倾向，让读者在初读之际便能感受到文章的整体氛围和故事走向。

通过运用提问式开头、引用式开头、场景式开头、回顾式开头四种方式，我们能够吸引读者的注意力、激发读者的好奇心，为整篇文章定下一个成功的基调，让读者在享受文字之美的同时，获得心灵的触动和思想的启迪。

一个好的开头，就像是戴在文章开头的一颗珍珠，这颗珍珠熠熠生辉，照亮整篇文字，令人难忘。

小练习

请你赏析以下精彩片段，并指出小作者们分别采用了怎样的开头方式。

一天，三十二岁的袁南生在家中坐立不安，他望向窗外，脸上浮现出期待的表情。那时，他刚刚通过自主学习，参加了成人高考。他的同学们有的收到了通知——已通过，请等待面试；有的虽然没有得到面试机会，但是一样收到了通知。只有袁南生一个人，什么也没有收到。身边的同学们纷纷嘲讽挖苦他："你一个小学都没念完的人，还想考北京大学？"袁南生备受打击，后来经过几经周折，他才知道，由于他的成绩十分优秀，被北京大学免面试录取了！从此，他便一路披荆斩棘，走上了外交的道路。

——陈龙雨

他的个子不高，头上有着缕缕白发，身穿一件灰白的衬衫，脚上蹬着一双锃亮的皮鞋，缓步向我们走来。他那向上扬起的嘴角和那轻轻挥舞着的手臂顿时让所有人都倍感亲切。十四年来，从中国到埃及，从印度到津巴布韦，从苏里南到美国，担任过全权大使和驻外总领事。他从一个小学肄业生，到北大研究生，数十年来坚定自己的信念，有了一番成就。他就是资深外交官袁南生袁大使。

——小溪

　　你听过二里头遗址吧？二里头遗址是研究华夏文明的渊源等重大问题的参考，是中国最令人瞩目的古文化遗址之一，学者们普遍认为这证实了夏朝中晚期都城的遗存。考古学家许宏曾任二里头考古工作队队长。许宏，你听说过吧？

——小溪

余味无穷的结尾：让故事在读者心中回荡

如果我们把每篇作品比作一艘载着我们驶向远方的船，那么一个完美的结尾，就是这艘船上的指南针，带领我们穿越故事的长河，最终抵达目的地。

结尾，是对全文的总结与升华，是作者智慧与情感的集中体现，它以一种深刻而微妙的方式，影响着我们对人物、情节和整个作品的理解和记忆。

所以，在提问与对话之后，我们每一个写作者，都应力求写出一个漂亮的结尾，为自己的文章画上一个圆满的句号。

金句式结尾

即以精练、深刻、富有哲理和冲击力的语句作为结尾，这不仅能够完美地总结全文，更能激发起读者深思与探索。金句式结尾，要求作者在有限的字数内，凝聚文章的核心思想，揭示出隐藏于表象之下的深刻内涵，让读者反复咀嚼，回味无穷。

小案例

我写科比的故事的结尾

直到今天，我们仍在怀念科比。我们怀念他在球场上精彩的身影；我们怀念他刚毅坚定的眼神；我们怀念他的那句"你见过凌晨四点的洛杉矶吗"；我们怀念他为了梦想拼命坚持，超越生命极限的"曼巴精神"。科比用行动，告诉了这个世界什么叫作热爱。

我们每个人爱他的理由不尽相同，但谈到他时都充满感动和热情，这也让我们对这个世界多了一份热爱。这就是科比给世界带来的意义。

科比虽已离去，但他的"曼巴精神"将永远闪耀人间。

用金句"科比虽已离去，但他的'曼巴精神'将永远闪耀人间"来总结科比的一生带给这个世界的精神财富和对后世的意义，由此启发读者的思考和情感共鸣，并展开对于人生的更深层次的反思。

评论式结尾

即作者在结尾处提出自己的观点、评价或预测，是作者的个性化结论，为读者提供了一个新的思考角度，从而使得全文的主题更加深刻。

常用的手法是引用名家名言来深化主题，画龙点睛。

小案例

我写苏东坡的故事的结尾

一千多年来，苏东坡是无数中国人的精神榜样，是我们想成为的那个最好的自己。

作家林语堂先生说，苏东坡的一生"载歌载舞，深得其乐，忧患来临，一笑置之""苏东坡过得快乐，无所畏惧，像一阵清风度过了一生"。

苏东坡是中国人的骄傲。如何评价苏东坡的一生呢？作者先提出，"一千多年来，苏东坡是无数中国人的精神榜样，是我们想成为的那个最好的自己"，然后再引用大文豪林语堂先生的名言，这是对苏东坡一生最完美的总结。

　　通过评论式结尾，作者不仅完成了对文章内容的完美收官，更在读者的心中播下了思考的种子。

首尾呼应式结尾

　　即在作文的开头和结尾之间建立起呼应的联系，使得文章的结构呈现一种闭环，它不仅仅有着一种形式上的对称美，更是作者对主题、情感的高度概括和深化。

小案例

　　开头：

　　袁隆平先生说，自己心中有两个梦，一是"禾下乘凉梦"——梦想试验田里的超级杂交水稻长得有高粱那么高、稻穗像扫把那么长、谷粒像花生米那么大，自己坐在禾下悠闲地纳凉；另一个梦是"杂交水稻覆盖全球"。

　　结尾：

　　袁隆平先生虽已离去，但他的智慧和汗水早已化为一颗颗高产的杂交稻种，在世界各地繁衍生长。

　　一阵微风吹过稻田，一株株饱满的稻穗好像在随着袁隆平先生的话微微点头，它们见证了袁隆平先生创造的一个又一个奇迹，也见证了他生而平凡却无比伟大的一生。

文章的开头先点出袁隆平先生的两个梦想，与结尾处呼应，袁隆平的"杂交水稻覆盖全球"的梦想正逐步实现，那些生长在世界各个角落的杂交水稻都在以不同的方式一一向他致敬，纪念着他伟大的一生，从而完成了对袁隆平先生一生闭环式的记叙，让人掩卷长思。

情感深化式结尾

即在结尾处通过强烈的情感表达，将全文的情绪推向高潮，让文章充满感染力。这种方法能够触动人心，让读者在感动中沉思。

小案例

我写"漫威之父"斯坦·李的故事的结尾

2018 年 11 月 12 日，"漫威之父"斯坦·李（Stan Lee）在美国洛杉矶因病去世，这个消息让全世界的漫威迷都陷入了悲痛。有人为他做了一张特大的黑白海报，海报上有漫威世界里所有的超级英雄，而斯坦·李则在天空的一角对英雄们竖起了大拇指，还露出了他那招牌式的、真诚又带着一丝狡黠的微笑。

其实，站在超级英雄身边的斯坦·李，才是一位真正的英雄。他的一生伴随着无数的失败和挫折，但每一次他都没有放弃，而是用热爱坚持到了能看到曙光的那一刻。

在漫威公司最动荡的十几年里，斯坦·李始终像一艘大船，在疾风暴雨中高高地飘扬着自己的船帆，鼓舞和带领众人前进，他的坚守就是希望本身。而他借"蜘蛛侠"的叔叔之口说出的那句"能力越大，责任越大"，正是他自己一生的写照。

电影《奇异博士》中有一句台词：每个人心中都住着一个英雄。借助自己笔下的漫威超级英雄，斯坦·李向我们传递出一种重要的生活态度——英雄不是一出生就能成为英雄，他们只是选择了成为英雄而已。

作者借斯坦·李的故事告诉我们：我们要在恐惧中学会担当，在失败中体验成长，勇敢地去弥补曾经犯下的错误，坚定地守护自己的信仰。只要你永远都不放弃希望，你也能成为自己的超级英雄。

开放式结尾

即不直接给出故事的最终答案或人物的明确未来，而是留给读者无限的想象空间。这种方法能够激发读者的好奇心和想象力，让故事在读者的心中延续。

小案例

我写 J.K. 罗琳故事的结尾

罗琳笔下的魔法世界和哈利·波特的传奇故事，俘获了全球亿万大朋友和小朋友的心。

在 2008 年哈佛大学毕业典礼的演讲中，罗琳说道："我认为，失败是有好处的，因为失败能让人忘掉那些不必要的东西，开始把所有精力放在对自己最重要的事情上。失败能让人重获自由——反正最可怕的事情已经发生了，我也就没什么可怕的了。"

面对人生的磨难，罗琳没有消极堕落，反而用积极的心态获得了思想上的自由。挫折成为她重建生活的坚实基础。所以，本篇文章引用罗琳演讲中的一段话，形成了一个开放式的结尾，让人回味无穷。

作者希望通过 J.K. 罗琳的故事告诉孩子们，在未来的人生路上，要拥有一颗强大的内心，抬头仰望星空，低头脚踏大地，胜不骄、败不馁，绽放属于自己的璀璨光芒。

综上所述，结尾是作文中的精彩部分，一个优秀的结尾，能深化主题，强化人物形象，引发读者的情感共鸣，激发读者的深度思考。

金句式结尾、评论式结尾、首尾呼应式结尾、情感深化式结尾和开放式结尾，这些针对结尾的写作方式能让你的文章更加深刻。正如一幅精美的画卷，唯有把最后一笔画好，方能画龙点睛，令人难以忘怀。

作为写作者，我们应当不断探索和实践结尾的写作艺术，力求在每一次写作中，都能为读者呈现出一个精彩的结尾。

小练习

以下是陈龙雨同学写的关于考古学家许宏老师的故事的结尾，请你读完之后分析一下，这个结尾采用的是什么写法？它的精妙之处在哪里？

考古人经常自诩自己的学科是文科中的理工科。许宏老师还提到，他明明知道考古可能会充满危险，但他依然不断坚持。因为，热爱一直驱使着他不断向前。

这也让我想到了一句话：所爱隔山海，山海皆可平。从不喜欢到喜欢，再到热爱最后到成就。我们也要找寻自己所热爱的、愿意去坚持的目标，为了目标不断努力，坚持不懈。

当然，每个人都会经历人生的"滑铁卢"，正如动画电影《深海》中所说的：即使跌入深海，奇遇也会出现在抬头的瞬间。那一刻来临时我们不要紧张，不要害怕，更不要退缩，坚持下去，相信总会有收获。

"生命长河"理论："高光与低谷"的轮回交错

什么是生命的长河？

我们每个人的生命都如同一条蜿蜒曲折的河流，既承载着过往，又不断奔向未知的远方。

"生命长河"理论，简而言之，是将个体的生命视为一条不断流动、变化的"河流"。在这条"河流"中，每个人的出生像是源头那涓涓细流；童年是溪水绕过石子的欢歌；青春是一路奔涌向前的浪涌；中年是绕过无数险滩急流后，江面逐渐辽阔的长诗；老年则是河流在历经山川险阻后，终于汇入大海的交响乐。

每一个阶段都有其独特的风景与挑战，它们共同组成了丰富多彩的生命画卷。

每个人的一生都可以汇聚成一条生命长河。这条生命长河，是由一个个高光时刻和低谷时刻汇聚而成，如此轮回交错。

所以，当我们完成了提问与对话，准备提笔写这个对话者的故事时，需要先画出他的"生命长河图"，由此我们可以清晰看到，这条长河中，有哪些高光时刻，又有哪些低谷时刻，再决定选择其中的哪几个典型时刻进行重点叙述。

这样做，首先可以使我们的文章脉络清楚、层次分明。其次，处在高峰或低谷时刻的人物，更能展现出其人性中最真实的一面，他的情感波动也能展现出他的性格特征，有利于我们塑造更加立体、丰满的人物形象，也更能够引发读者对于生命意义的思考，提升文章的思想深度，增强文章的人文关怀。

小案例

我在写"股神"巴菲特的童年时，选取了以下三个故事：

·巴菲特在七岁时卖汽水，他的主要销售策略是郊游时向别人推销他的汽水，从而赚到人生的第一桶金。

·小学时，巴菲特搜集了不少百事可乐和可口可乐的瓶盖。通过研究，他发现百事可乐的量更大，进而设计了百事可乐的推销语，最终成了附近生意最好的饮料推销员。

·中学时，巴菲特每天坚持同时送两份报纸，并研究出高效送报纸的秘诀，最终成为超级报童。到高中毕业时，他已经送出了六十万份报纸，挣了五千多美元。

这三个典型故事的叙述，就能刻画出巴菲特从小热爱钻研的一面，并展露出他杰出的商业天赋，也让读者更加理解巴菲特是如何从童年开始行动起来、一步步成长为"股神"的。所以，选取生命长河中的这些高光时刻和典型故事，可以帮助我们用简洁有力的方式成功塑造出一个真实、生动的人物。

"生命长河"理论不仅是对我们生命历程的一种诗意描绘，更是对生命本质、意义和价值的哲学思考。当我们把这一理论引入写作中，它便成了人物写作中必不可少的实战利器。

首先，"生命长河"理论能让作者跳出个人的局限，站在更宏大的视角去审视人物的一生；其次，作者可以通过描绘人物在不同生命阶段的故事和变化，讨论爱、成长、救赎、生死等永恒主题，让写作具有更强的思想性和哲理性；最后，当作者在生命长河里展现人物的悲欢离合时，更容易触动读者的内心，引发读者的共鸣，并让他们由此去反思自己的人生得失。

所以，当我们完成提问之后，一定要拿起笔，先画一画对话者的"生命长河图"，由此我们的写作将可以变得由繁化简，并且联结起过去与未来，联结起个体的生命与时代的脉络，联结起人与人的内心世界。

小练习

小型写作展示——"我是小记者"的成果发布会

亲爱的同学们，我们关于阅读、提问、写作的学习已经告一段落，祝贺你！

现在，请你做一个"我是小记者"的成果发布会，发布一下你的学习成果吧！

这个成果可以是你的一篇人物作文、一个人物对话的视频报道，也可以是一张你和小伙伴们合办的报纸。请邀请你的老师、同学、家长、好朋友们都来参加这个成果发布会，给他们讲讲你创作的整个过程，包括你应对了哪些挑战等。让大家都感受一下你的优秀成果，为你的进步而鼓掌欢呼吧！

PART 6

用提问开启与 AI 高效对话：教孩子向人工智能提出好问题

随着人工智能在日常生活与学习工作中的普及，我们已步入了一个与人工智能分工合作、协作共赢的新时代。对于人工智能而言，一个精心构思的问题，不仅能帮助它迅速给出准确、精彩的答案，更能激发它的无限潜能，引领我们探索未知的世界。

在这个时代，掌握与人工智能工具进行有效交流的方法，即如何提出既准确又恰当的问题，成了提升工作效率、获取高质量信息的必由之路，更是我们与人工智能共创美好未来的关键能力。

那么，如何巧妙地设计这样的问题呢？接下来，我将从正、反两个维度来剖析如何向人工智能提问，并分析提问的成功策略和应该避免的误区。

✚ 向人工智能精准提问的艺术：塑造问题的灵魂

清晰界定，具体入微

在向人工智能提问时，首先要做的便是确保问题的明确性与具体性。这如同为人工智能点亮一盏明灯，使其能够准确无误地找到答案。

比如，当你高中毕业需要填报高考志愿时，就需要向人工智能提这样一个问题："在未来的三到五年，哪些专业是最具发展前景的？"或者："在未来的五到十年，哪些专业是最具发展前景的？"

这样的问题既锁定了时间范围（未来的三到五年或五到十年），又明确了分析内容（哪些专业最具发展前景），为人工智能提供了清晰的路径，促使其能够深入挖掘并呈现详尽的数据与分析。

逻辑严谨，条理分明

　　逻辑是问题的骨架，它支撑着问题的完整性与连贯性。一个逻辑清晰的问题，能够引导人工智能有序地进行思考，从而得出条理分明的答案。

　　例如，项目式学习是近年来在国际上非常流行的学习方式，国内很多学校对此也有积极的应用。你很想了解一下这种学习方式。那么，你可以这样向人工智能提问："首先，请解释一下项目式学习的基本概念；其次，请阐述其在中国学校的应用现状；最后，请提供一个项目式学习在中国的中学教育中取得成功的典型案例。"

　　这样的提问方式，不仅体现了问题的层次感，也促使人工智能在回答时能够遵循一定的逻辑顺序，确保答案的全面与深入。

适度开放，激发创意

　　当我们需要激发自己的创新思维，或者探索多元化答案的时候，就需要保持提问的适度开放性，但同时，我们也需为这种开放性提问设定合理的边界，以避免答案的漫无边际。

　　比如，无人驾驶汽车是同学们都很感兴趣的话题。你可以这样询问人工智能："基于当前人工智能技术的发展趋势，你认为在未来十年，无人驾驶汽车将在哪三个方面对人类的生活产生重大影响？"

这样的问题既鼓励了人工智能进行前瞻性思考，又通过"未来十年"和"三个方面""重大影响"等条件规定了回答的范围，确保了答案的针对性和实用性。

✚ 避开向人工智能提问的雷区：洞察问题的陷阱

模糊不清，难以捉摸

模糊不清的问题是提问的大敌。模糊不清的问题会让人工智能深陷迷雾之中，不知道该如何回答，难以给出有针对性的回答。

例如："请你谈谈文学吧。"这样的问题过于宽泛，缺乏具体的焦点，很容易让人工智能陷入迷惘。因此，在提问时，我们应尽量避免使用这种笼统而模糊的语言，而要通过具体的细节和明确的目标来引导人工智能做出准确的回答。

假设过多，脱离实际

假设性过强的问题也是我们需要警惕的雷区之一。这类问题往往包含了过多的预设条件，而这些条件可能并不符合现实情况或者难以发生。比如："未来十年，如果人类因为外星人入侵而灭亡，那么地球还有存在的意义吗？"虽然这样的问题引人深思，但由于其假设性过强，缺乏现实基础，因此很难得到准确且有意义的回答。

因此，在提问时，我们应尽量保持问题的现实性和可操作性，避免陷入无谓的假设之中。

复杂交织，难以解析

将多个不相关或相互矛盾的问题混杂在一起，也是我们需要避免的误区之一。这样的问题不仅增加了人工智能的解析难度，还可能导致答案的混乱和无效。

问题 1：请你分析在人工智能高速发展的背景下，人类的食品安全、气候变化和家庭关系将会受到什么综合影响？

问题 2：在人工智能技术日益发展的背景下，我们不禁会思考，人工智能是否将助力我们加速进行宇宙深处的探索，例如寻找高级外星生命、智慧生物，寻找人类可以移居的行星。此外它是否具备一种潜力，可以跨越语言障碍，让我们与外星人有效地沟通，就像《圣经》中的巴别塔故事一样，搭建起地球和遥远星际之间的桥梁？

这几个问题各自独立且复杂多样，将它们放在一起提问无疑会让人工智能感到很混乱。因此，在提问时，我们应尽量将复杂问题拆分成多个简单明了的小问题，让人工智能逐一回答，这样更有助于提高答案的准确度和丰富性。

✚ 向人工智能提问的策略与实践：构建高效沟通的桥梁

明确需求，有的放矢

在向人工智能提问之前，我们首先要明确自己的需求和目标。这有助于我们精准地构建问题并引导人工智能给出有价值的回答。比如，当我们想要去了解一座城市的历史时，我们不应泛泛地问："这个城市怎么样？"而应具体地问："这个城市发生过哪些重要的历史事件？有哪些文化遗产？"这样的提问更能帮助我们获取到有用的信息。

简洁明了，直击要害

虽然人工智能能够处理复杂的信息，但简洁明了的提问往往更能帮助人工智能抓取到关键词，并促使其迅速给出答案。因此，在提问时我们应尽量使用简单明了的语言，避免冗长和复杂的句子结构，同时我们还应避免使用模糊不清的词语，以减少人工智能理解的难度。

这一点和本书前面讲的"好问题的特点"是一致的。一个好问题，它首先一定是准确的，而非模糊的、笼统的，让人不知所云。

客观中立，避免偏见

在提问时我们应保持客观中立的态度，避免带有预设答案或偏见进行引导性提问。例如，我们向人工智能提出这样一个问题："你认为，人工智能在未来十年一定会取代人类所有的工作吗？"

这个问题其实隐含着一个你的预设答案——"一定会取代"，这样的提问方式会削弱人工智能的公正评估。这类问题可能让人工智能的回答偏离客观事实，而这仅仅是为了迎合我们的期望。所以，为了获得准确且客观的答案，我们应尽量让问题保持中立和公正。这个问题的正确提问方式是："你认为，人工智能在未来十年会不会取代人类所有的工作？"

合理划分，精准定位

为了确保问题既不过于宽泛也不过于狭窄，我们应合理使用限定词来精确控制问题的范围。比如通过定语"过去十年""未来三十年""在中国的十个一线城市和十个二、三线城市"等限定词，可以让问题更加具体和有针对性，从而帮助人工智能给出更加全面和深入的回答。

结构化查询，层层递进

对于复杂或多层次的问题，我们可以尝试将其拆分成几个更小、更具体的问题。这种方式不仅有助于人工智能更好地理解问题，还能让我们逐步深入、逐步构建起对问题的全面理解。

例如："人工智能在未来三十年对于人类社会的影响如何？"这个问题过于庞大。我们可以把它拆成几个小问题，比如："在未来三十年里，人工智能对于基础教育（小学教育和中学教育）的影响如何？""人工智能对于高等教育的影响如何？""人工智能对于农业生产的影响如何？""人工智能对于人们的交通方式的影响如何？"等。

✚ 总结与展望：携手人工智能共创未来

　　向人工智能工具提出一个准确、正确的问题，不仅是孩子们需要掌握的必备技能，也是一门人类与工具分工、合作、共赢的艺术。

　　我们通过明确自己的需求、使用简洁明了的语言、避免引导性提问、合理划分问题范围、拆分复杂问题等方式，就能够向人工智能工具提出高效且有价值的问题。

　　同时我们还需要注意，避免提一些模糊不清、假设性过强以及过度复杂的问题，以免陷入无效沟通的困境。

　　随着人工智能技术的不断进步，学会与其高效沟通、合作，将成为每个人不可或缺的核心能力。让我们携手人工智能，解决各个领域的众多复杂问题，一同探索广阔的未知领域，共创更加精彩的未来！

　　在这个过程中，拥有优质的"提问力"，学会精准且恰当地提问，将是我们与人工智能进行分工协作时最强大的"武器"和最宝贵的工具，也是我们在与他人的沟通交流中最重要的法宝，更是我们在未来避免被人工智能替代的最重要的能力之一，因为，人工智能无法提出一个新的问题，而这个能力，只有人类具有。

　　"提问力"已经成为人工智能时代每个人必备的核心竞争力。让我们以智慧为引，以情感为带，以问题为钥，共同开启通往未来世界的大门！

特别鸣谢

邢悦

阿里巴巴集团副总裁

袁南生

外交学院原党委书记、
著名外交家

许宏

中国知名考古学家

齐锐

北京天文馆副馆长

谢戎彬

中国能源汽车传播集团有限
公司董事长、总编辑

李智勇

《人民日报》社会版原主编、
著名教育博主

韩潇

青年学者、《长安诗选》作者